KB249871

한국 출판 번역 독자들의 번역 평가 규범 연구

한국 출판 번역 독자들의 번역 평가 규범 연구

이 상 원 著

한국학술정보㈜

책머리에

이 책은 2005년 여름에 제출했던 통역번역학 박사학위논문을 바탕으로 하고 있다. 통역번역학이라는 이름 자체가 낯설게 느껴질 분들을 위해 간단히 소개하자면 통역번역학은 통역 및 번역과 관련된 폭넓은 현상을 관심 대상으로 삼는 학문이다. 1960년대에 등장해 1980년대부터 본격화되었고 언어학, 커뮤니케이션학, 인지과학, 사회학 등 여러 인접 학문과 영향을 주고받으며 발전하고 있다.

통역번역학의 다양한 연구 대상 중에서도 이 책은 출판 번역, 즉 도서 출판을 위해 이루어지는 번역을 독자들의 비평이라는 측면에서 다루었다. 그리고 이를 통해 오늘날 한국의 독자들은 출판 번역이 어떠한 모습을 갖춰야 한다고 생각하는지 규명하고자 했다.

인터넷 시대를 맞아 오늘날 한국의 번역 출판 도서 독자들은 과거의 수동적 지위를 벗어나 적극적으로 출판 번역 비평에 나서고 있다. 이는 출판사와 번역사 모두에 대한 채찍질이 되며 궁극적으로는 출판 번역의 질적 향상에 기여할 것이다. 이 책은 이렇게 중요한 의미를 가지는 출판 번역 비평을 내용별로 분류, 분석하여 밑그림을 그린 작업이라 할 수 있다.

그런데 이 책에 소개되는 대부분의 번역 비평 사례들이 잘 된 점에 대한 칭찬보다는 오류나 실수에 대한 비판에 치우쳐 있어 퍽 조심스럽다. 칭찬보다는 비판이 향후 발전을 위한 더 유익한 약이겠지만 자칫 번역사들, 더 나아가 기존 번역 출판 도서에 대한 대안 없는 비난으로 여겨질지 모른다는 걱정 때문이다. 연구자 또한 7년여 동안 출판 번역에 종사해온 입장이고 연구자의 번역 또한 독자들의 지적 사항에서 비켜나 있지 못하다는 점을 분명히 인정한다고 하면 어느 정도 면피가

될 수 있을까.

부족한 제자를 믿고 지원해 주신 이창수 지도교수님을 포함해 한국
외대 통역번역대학원의 여러 선생님들, 냉철한 비판과 따뜻한 격려를
아끼지 않은 동학 선생님들, 그리고 출판 번역의 길을 함께 가는 선배
및 동료 번역사들께 감사드린다.

목 차

표 목차

그림 목차

I. 머리말

한국의 출판 시장에서 번역 도서는 대단히 큰 비중을 차지하고 있다. 이는 한국의 연간 총 발행 도서 종수에서 번역 도서가 차지하는 비율이 2004년 기준으로 무려 28.5%나 된다는 통계치를 보더라도 분명히 드러난다(대한출판 문화협회 홈페이지). 한국에서 출판되는 도서 중 네 권 중 한 권 이상이 번역 도서인 것이다.

하지만 번역학에서 이러한 번역 도서 출판을 위한 번역, 즉 출판 번역을 대상으로 삼아 이루어진 연구는 매우 적다. 그리고 대부분의 경우 번역 도서는 번역의 방법론 분석을 위한 밑 자료로 활용되는 데 그치고 있다. 본 연구는 '도서 형태'로 생산 소비된다는 속성을 가진 출판 번역을 번역의 한 범주로 설정하여 연구 대상으로 삼았다.

출판 번역에서 최근 두드러진 현상이 번역 출판된 도서에 대한 번역 비평이 자주 등장한다는 것이다. 일간지 기자들이 북 리뷰 기사에서 '매끄럽지 못한 번역'(오미환, 2003. 2월 28일), '요령부득의 표현이 가득한 번역'(조현욱, 2003. 2월 21일)의 문제를 지적하는가 하면 영문학자들이 번역평가사업단을 구성하여 영미문학 대표작에 대한 번역본 573종을 검토하는 작업을 벌이기도 했다(영미문학연구회 번역평가사업단, 2004. 2월~4월). 번역 비평의 주체도 더 이상 기자나 학자에 국한되지 않는다. 인터넷 등 새로운 의사소통 수단을 통해 일반 독자들도 자유롭게 번역 비평을 하게 된 것이다.

일반 독자들이 수동적인 번역 소비자의 역할을 벗어나 적극적으로 번역을 비평하고 있다는 점이 잘 드러난 대표적인 사례가 '다빈치 코드'이다. 2004년 6월에 출간되어 베스트셀러가 된 이 번역 소설은 독자들이 인터넷을 통해 번역의 오류를 꾸준히 지적한 끝에 마침내 2005년

3월, 출판사 측의 개역 출간 결정을 이끌어냈다(서한기, 2005, 3월 6일; 김성희, 2005, 3월 7일).

심지어는 일간지나 주간지의 지면에서 번역 비평가와 번역사가 공개 논쟁을 벌이는 일까지 나타난다. 교수 신문에 게재된 조광제(2003, 3월 10일)와 류의근(2003, 3월 17일), 중앙일보와 한국일보 등을 통해 보도된 이재호 교수와 소설가 이윤기의 공방(김범수, 2004, 6월 10일; 김종락, 2004, 6월 11일)이 그 예이다.

이들 번역 비평은 번역에 대한 독자들의 다양한 기대와 요구를 드러낸다는 점에서 번역학의 관심 대상이 아닐 수 없다. 이는 또한 번역사 혹은 번역사의 번역 과정 연구에 치중해 온 번역학 연구가 번역 과정의 또 다른 참여자들로 관심 영역을 확대할 계기가 된다는 의미도 가진다.

본 연구는 출판 번역에 대한 번역 비평이 사회 공동체가 공유하는 사고방식, 즉 규범을 반영한다고 가정한다. 그리고 이러한 가정을 바탕으로 번역 규범이라는 이론적 개념을 적용하고자 한다.

번역 규범은 번역을 둘러싼 사회 문화적 배경을 기본 바탕으로 삼는 개념이다. 따라서 특정 사회 문화적 집단 내에 속하는 번역 과정의 다양한 참여자들이 드러내는 사고나 행동을 분석하는 데 적합하다. 이 때문에 본 연구는 한국 출판 번역에서 나타나는 번역 비평 분석을 위한 이론 틀로 번역 규범을 선택하였다. 그런데 번역 규범이라는 개념은 아직까지 모델을 제시하는 차원에 머무르고 있을 뿐 번역 현실에 대한 분석 연구에 실제로 적용되지 못했다. 따라서 번역 규범 개념을 번역 비평에 적용하여 분석 기술하는 작업은 번역 규범 개념을 구체화하는 데에도 기여할 수 있다.

기존에 다루어지지 못했던 출판 번역이라는 새로운 범주를 연구 대상으로 삼았다는 점, 또한 Komissarov(1993), Toury(1995), Chesterman(1999) 등 여러 학자들이 번역 규범에 대한 기술(記述)적 연구의 필요성을 강조한다는 점을 바탕으로 본 연구는 한국 출판 독자들의 번역 비평에서 나타나는 번역 규범에 대한 체계적인 기술을 기본 목표로 삼았다.

그런데 번역사를 논의의 중심에 놓는 기존 번역학의 경향으로 인해 '번역 규범'이라는 용어는 '번역사가 번역 과정에서 나타내 보이는 규범'으로 오해될 여지가 있다. 이 때문에 결과물에 대한 번역 비평을 바탕으로 하는 본 연구에서는 번역 규범 대신 번역 평가 규범이라는 용어를 사용하고자 한다.

이에 따라 본 연구의 목적은 한국 출판 번역 독자들의 번역 비평에서 나타나는 번역 평가 규범에 대한 체계적인 기술이 된다. 이에 대한 연구 문제는 다음과 같다.

1) 한국 출판 번역 독자의 번역 비평에서 중시되는 번역 평가 규범은 무엇인가?
2) 번역 비평을 바탕으로 할 때 한국 출판 번역 독자들의 번역 평가 규범을 구성하는 요소는 무엇인가?
3) 한국 출판 번역 독자들의 번역 비평에 대해 편집인과 번역사는 어떤 반응을 보이는가? 그 상호작용은 번역 평가 규범의 차이를 나타내는가?

연구문제에 답을 구하기 위해 본 연구는 일간지 및 주간지 기사, 2개 인터넷 서점의 독자 서평, 5개 출판사 및 1개 도서 홈 페이지의 독자 게시판, 학회지 논문을 출처로 하는 번역 비평 총 56건, 그리고 편집인 및 번역사의 응답 총 22건을 수집, 분석하였다.

분석에 사용된 번역 규범 분석틀은 기존 학자들이 제시한 번역 모델을 통합하여 마련하였다. 연구 질문에 따라 분석 절차는 1) 번역 비평에서 제기된 지적 사항들을 분석틀에 따라 분류함으로써 한국 출판 번역에서 중시되는 평가 규범을 규명하고 2) 각 번역 규범으로 분류된 지적 사항들을 하위 영역으로 묶어 번역 규범의 구성 요소를 추출하며 3) 번역 비평에 대한 편집인 및 번역사의 응답을 번역 규범에 따라 분석하는 3단계로 이루어졌다. 분석의 주관성을 배제하기 위해 분석 단계 별로 통역번역학 박사과정 재학 이상의 3인 혹은 4인이 공동 참여하였다.

한국 출판 번역의 독자 번역 규범에 대한 체계적인 기술을 시도한 본 연구는 출판 번역 및 번역 규범에 대한 이해를 제고하고 후속 연구를 위한 바탕을 제공할 것으로 기대된다.

II. 출판 번역의 개념 및 현황

본 연구가 연구 대상으로 삼은 출판 번역은 지금까지 번역학 분야에서 본격적으로 다루어지지 않았던 영역이다. 따라서 우선 출판 번역이라는 연구 대상을 구체화할 필요가 있다. 이를 위해 이 장에서는 출판 번역의 개념을 정의하고 기존 연구를 살펴본 후 한국 출판 번역의 현황을 알아보고자 한다.

1. 출판 번역의 개념

출판 번역은 출판을 위한 번역이다. 번역의 결과물은 도서 형태로 출판되어 익명의 다수 독자들에 의해 소비된다.

출판 번역이라는 범주의 기준은 도서 형태, 즉 전달 매체이다. 그런데 기존 번역학 연구에서는 전달 매체가 아닌, 번역 대상 텍스트의 종류를 기준으로 번역의 범주가 구분되어 왔다. 예를 들어 Newmark (1988)는 본격적인 문학 작품(serious literature), 개인의 솔직한 심경을 표현하는 글, 정치적인 발언, 연설문 등의 텍스트를 묶어 의미적 번역(semantic translation)으로, 비문학적인 정보 전달 위주의 글, 대중소설, 광고 선전 등의 텍스트는 의사소통적 번역(communicative translation)으로 구분하였다. Snell-Hornby(1995, pp.31-35)는 문학 번역(literary translation), 일반 언어 번역(general language translation), 전문 언어번역(special language translation)의 세 범주를 나누고 문학 번역에는 성경, 영화나 연극, 시, 소설을, 일반 언어 번역에는 신문, 일반적 정보를 전달하는 텍스트, 광고를, 그리고 전문 언어 번역에는 법률, 경제, 의학, 과학기술 텍스트를 포함시켰다. 한국의 번역 서비스 시장을 바탕으로 한 최정화(2001, pp.134-135)의 실용 번역과 문학 번역 구분 또한 번역 대상 텍스트를 기준으로 삼고 있다.

번역의 범주 구분은 범주에 따라 번역의 특성이 달라진다는 가정을 바탕으로 한다. 본 연구는 도서 형태라는 전달 매체를 기준으로 한 출판 번역 범주가 그 외의 번역 범주와 다른 특징을 가진다고 가정한다. 그리고 그 특징이 텍스트 종류 간의 차이를 넘어선다고 보아 출판 번역 범주 안에 문학 도서, 인문 사회 과학 도서, 자연 과학 도서 등 다양한 장르를 모두 포괄한다.

이러한 가정의 첫 번째 근거는 프랑스 출판 번역가 협회(ATLF: Association des Traducteurs Littéraires de France)의 '출판을 위한 번역' 개념이다. 출판 번역에 종사하는 번역사들의 권익 보호를 위해 1973년에 탄생한 이 협회는 traduction littéraire(literary translation)을 '출판을 위한 번역'으로 정의함으로써 좁은 의미인 '문예서 번역'을 넘어서 인문과학, 사회과학, 자연과학 등 다양한 분야를 포괄하고 있다 (쓰지 유미, 2001, p.240).

여러 장르를 포괄하는 두 번째 근거는 번역학에서는 드물게 전달 매체를 기준으로 삼는 영화 번역 범주에서 영화 번역 자체가 하나의 번역 유형으로서 장르를 뛰어넘는 속성을 공유하는 것으로 다루어진다는 점이다(Hatim & Mason, 1997, pp.78-96; Herbst, 1997).

출판 번역에는 외국어 서적을 한국어로 출판하기 위한 번역, 그리고 이와 반대로 한국어 서적을 외국어로 출판하기 위한 번역이 모두 포함될 수 있다. 하지만 본 연구는 전자, 즉 국내 출판 시장에서 생산되어 한국인 독자들에 의해 소비되는 번역만을 관심 대상으로 제한하겠다.

결국 본 연구의 출판 번역은 '외국어를 출발어로, 한국어를 도착어로 하여 한국의 독자들을 대상으로 도서 형태로 출판된 번역'으로 정의된다.

2. 출판 번역 관련 연구

앞서 언급했듯 출판 번역을 독립된 연구 대상으로 삼은 이론적 연구는 드물다. 다만 전반적인 번역학 이론의 추출 및 검증, 일반화를 위한 분석 자료로서 출판 번역이 자주 사용되어 왔다. 다시 말해 지금까지 '출판 번역'은 '출판' 쪽보다는 '번역' 쪽에 더 큰 강조점이 주어졌던 셈이다.

국내의 연구 논문들만 보더라도 많은 연구자들이 출판 번역 도서를 분석 대상으로 삼아 번역학 이론을 연구해 왔다. 정호정(2001)은 공손 어법의 번역을, 이혜승(2001, 2003, 2004)은 러시아어 양상 소사 및 감정 은유의 한국어 번역을, 이현경(2002)은 어역(register) 번역 전략을, 전미연(2003)은 문화 월경(越境)을, 최수나(2003)는 번역에서의 전제를 주제로 다루면서 출판 번역 도서를 연구 자료로 사용하였다. 여기서 출판은 텍스트를 번역물로서 공인하는 과정으로 여겨지고 있다(이혜승, 2004).

이러한 연구 논문들은 출판 번역에 대한 연구의 필요성을 제기한다. 출판 번역은 그 범위나 특성이 제대로 규명되지 않은 상태에서 번역학의 연구 자료로 사용되어 왔기 때문이다. 만일 출판 번역이 다른 범주와 구별되는 나름의 특성을 나타내며 특정한 전략을 요구하는 것이라면 위의 연구들은 결국 출판 번역에 국한되는 연구가 되어버리고 만다.

출판 번역이라는 범주를 명시하지는 않았다 해도 실상 번역학 연구는 출판 번역에서 시작되었다고 할 수 있다. 초기부터 번역학의 중심적인 연구 대상이었던 성서 번역이나 문학 번역은 결국 출판을 전제로 하기 때문이다. 성서 번역을 중심으로 한 Nida(1964, 1969)의 등가성 이론 또한 성서가 출판을 전제로 한다는 점을 고려한다면 출판 번역과 관련된 연구로 분류 가능하다. Melis & Albir(2001)가 번역 평가를 고찰하면서 기존 연구의 대상이 출판 번역에 편중되어 왔다고 지적한 것도 이러한 역사를 반영하는 것으로 판단된다.

출판 번역과 관련된 번역학의 기존 연구로서는 번역을 기존의 언어 전환 차원을 넘어선 문화적 차원의 문제로 다룬 일련의 학자들을 들 수 있다. 이들은 첫째, 출판을 전제로 하는 문학 번역을 주된 관심 대상으로 삼았다는 점에서, 둘째, 출판 번역 시스템 분석을 시도했다는 점에서 출판 번역 연구에 시사하는 바가 있다.

메타 텍스트(metatext) 개념을 도입하여 번역을 메타 텍스트의 스펙트럼 내에 위치시킨 Holmes(1969, p.24; Hatim, 2001, p.58에서 재인용), 다체계 이론(Polysystem Theory)을 바탕으로 한 문화권 내에서 역동적인 경쟁 관계를 이루는 문어 체계(literary system) 중 하나로 번역을 파악한 Even-Zohar(1978, pp.196-19; Munday, 2001, p.110에서 재인용)와 Toury(1995, p.13), 모든 문어 생산물을 다시 쓰기(rewriting) 과정의 결과물로 보고 번역을 가장 전형적인 다시 쓰기 형태라고 한 Lefevre(1992, p.9) 등 이들 학자들은 번역학의 관점을 언어에서 문화로 전환시켰다. 여기서 문화란 사회적으로 조건 지어진 인간 생활의 모든 측면을 뜻하는 광의의 개념이다(Snell-Hornby, 1995, p.39).

Munday(2001, p.126)는 90년대 이후 본격화된 이러한 사고의 전환을 가리켜 '문화로의 전환(cultural turn)'이라 부르기도 하였다.

메타 텍스트, 문어 체계, 다시 쓰기 등 서로 다른 용어를 사용하기는 하지만 이들 학자들의 주장은 문학 번역이 출발 텍스트에 종속되지 않는 독자적인 존재로서 도착 문화권의 문어 체계에서 한 부분을 차지하게 된다는 것으로 요약된다. 이들의 연구는 결국 출판 번역의 문학 장르를 대상으로 한다고 볼 수 있다. 출판되어 문화권 내에서 공유되지 않는 번역물이라면 그 문화권의 문어 체계에서 일부를 이룬다고 보기 어렵기 때문이다.

또한 이들의 주장은 문학 장르를 넘어서 출판 번역 전체로 확대될 수 있는 가능성을 가진다. 출판 번역은 애초부터 도착어로 쓰여진 출판물과 전혀 다를 바 없이 도착 문화권에 수용되고 불특정 다수의 독자에 의해 소비되기 때문이다. 출판물이란 문어 생산물의 '표준' 격으로 여겨지고 이 때문에 언어적, 문화적 기준과 요구가 가장 엄격하게 작용하는 대상이다. 이렇게 볼 때 출판 번역은 언어적 차원뿐 아니라 문화적 접근이 필요한 연구 대상이 된다.

문화적 차원에서 번역에 접근한 학자들은 또한 출판 번역의 체계 및 그 참여자들에 대한 분석도 시도하고 있다. Lefevere(1992, p.9)는 문학 번역의 시스템을 통제하는 세 요인으로 전문인 집단(비평가, 교사, 번역사), 후원인 집단(권력을 가진 개인, 출판인, 언론, 문학 관련 연구 교육 기관), 지배적인 시학(dominant poetics)[1] 의 세 가지를 들었다. 번역사와 텍스트를 위주로 했던 기존의 번역 분석틀에서 진일보하여 사회 문화적으로 확대된 이 요인들은 그대로 출판 번역에 적용 가능하리라 판단된다.

여기서 두 번째 요인인 후원인 집단에 포함되어 후원인 집단의 구성 요소인 이데올로기 요소, 경제적 요소, 지위 요소 모두에서 영향력을 가지는 것으로 설명된 출판인이라는 존재에 주목할 필요가 있다. 번역사와 출판인의 관계는 여러 학자들이 관심을 갖고 다룬 바 있다.

Lefevere(1992, p.39)는 번역 과정에서 번역사의 언어적 선택과 출판인의 이데올로기적 선택이 충돌할 경우에는 늘 후자가 이기게 된다고 지적했다. 여기서 이데올로기는 번역 텍스트의 선택과 구체적인 번역 방법론 모두에 해당한다. 경제적 측면을 언급한 Venuti(1995, pp.9-10)[2]는 출판인이 번역사에게 저작권이나 인세를 보장하는데 퍽 인색하며 이는 바로 지위의 문제로 연결된다고 분석한다.[3] 결국 출판 번역을 위한 네

1) 이는 지배적인 문학 장르, 문학의 역할과 기능에 대한 사회적 공감 등을 말한다.
2) 이와 관련해 Venuti(1998, p.311)는 미국의 번역사들이 건별로 계약을 해야 하는 취약한 입지이며 기본적인 번역료 외에는 어떠한 로열티도 받지 못한다고 설명한다.

트워크에서 번역사는 대단히 미약한 지위를 차지하게 된다는 것이다. 이러한 상황은 출판인이 출판 번역의 최종 번역물 생산에 대단히 중요하게 개입하는 결과를 가져온다. Fawcett(1995, p.189) 또한 이러한 맥락에서 출판 번역 네트워크를 일종의 권력 게임으로 파악하고 최종 생산물은 결국 편집인들의 손에 좌지우지된다고 보았다.

출판인의 존재는 Wong & Shen(1999) 연구에서도 언급되고 있다. 이들은 번역 과정에 영향을 주는 요인을 언어적, 문화적, 개인적 요인으로 나눈 후 개인적 요인 중 하나로 수신자(recipients)의 반응을 들었다. 그런데 여기서 수신자는 독자, 편집인(editor), 비평가, 그리고 원문 작가의 총 네 부류이다. 편집인은 번역사에게 편집 작업을 간편하게 만들기 위한 번역 상의 지시를 내리기도 하고 기술적인 권유를 하기도 한다. 결국 출판 번역에서 편집인은 번역물에 대한 수신자이자 1차 독자의 역할을 맡는다고 할 수 있다.

출판 번역이 아닌, 뉴스매체 번역을 대상으로 했던 Kang(2004, pp.89-94) 또한 출판 번역의 출판인에 해당하는 발주자(initiator), 즉 뉴스매체의 편집인과 프리랜서 번역사들 사이에 존재하는 권력 불평등 관계를 지적한 바 있다.

이상의 연구들은 출판 번역의 생산과정 및 지위 체계에서 출판인이 대단히 중요한 존재라는 점을 공통적으로 지적한다. 따라서 출판 번역 연구에서는 출판인의 존재를 반드시 염두에 두어야 할 것으로 보인다.

---

3) Kunz(1998, p.69) 역시 번역사들이 적절한 경제적 대가를 받지 못하며 특히 문학 번역가들이 더 어려운 상황에 놓여 있다고 지적하였다.

3. 한국 출판 번역의 현황

본 연구의 연구 대상인 한국 출판 번역을 개관하기 위해 출판 번역 도서의 현황과 출판 번역을 담당하는 번역사 현황을 살펴보겠다.

1) 출판 번역 도서 현황

한국에서 번역 출판되는 도서의 현황을 살펴보기에 앞서 한국 출판 번역의 역사를 간단히 짚어보면 다음과 같다.

본 연구에서는 출판 번역을 '외국어를 출발어로, 한국어를 도착어로 하여 한국의 독자들을 대상으로 도서 형태로 출판된 번역'이라 정의하였다. 이 정의에 따르면 한국의 출판 번역은 조선의 세종이 훈민정음을 창제한 1446년 이후, 즉 도착어인 한국어 문자가 만들어진 이후에 시작된 것으로 볼 수 있다. 그 이전까지는 한문이 문어로 사용되었고 식자층은 중국의 서적을 한문 그대로 받아들였기 때문이다. 훈민정음이 사용된 15세기 말엽부터 칠서(七書), 곧 '사서(四書)'와 '삼경(三經)' 및 '소학(小學)', '효경(孝經)' 등의 언해본(諺解本)이 간행된 것을 비롯하여 '능엄경(楞嚴經)', '법화경(法華經)', '금강경(金剛經)' 등의 불경과 '두시언해(杜詩諺解)', '황산곡시집언해(黃山谷詩集諺解)' 등의 번역문학서가 잇따라 나타났다고 한다. 1481년, 중국 당나라 때의 시인 두보의 시 1647편과 다른 사람의 작품 16편을 52부로 분류하여 한글로 번역한 두시언해는 한국 최초의 번역 시집으로 평가 받는다.

출판 번역이 본격화된 시기는 중국 소설 홍루몽이 완역되고 한국어 성경과 '천로역정' 번역판이 등장한 19세기 후반으로 보아야 할 것이다. 조선에서 일대 붐을 일으킨 '홍루몽'은 고종 21년(1884)을 전후해 이종태 등에 의해 아예 언문(한글) 완역본이 무려 120권 분량으로 나왔다고 한다(김태식, 2004, 11월 17일). 또한 1882년에는 만주의 서상윤이 한국 최초의 성서 '예수성교 누가복음젼셔'를 번역 발행하였다. 이후 부분별로 나누어 번역되었던 신약 성서가 합쳐져 1887년에 우리말로 최초의 신약 성서 완역본인 '예수성교젼셔'가 나왔다(대한성서공회 홈페이지). 이들 성경은 중국어에서 중역되었던 것으로 보인다. 서양어에서 번역 출간된 최초의 서적은 1894년 선교사 게일[4]이 번역한 최초의 번역본 '텬로력뎡(천로역정)이다(김한수, 2003, 10월 9일). '텬로력정'은 당대 최고의 베스트셀러 중 하나였다고 한다.

20세기 초부터는 일본 서적을 원본으로 하는 번역서가 급증하였다. 1921년에는 서구 시인들의 시 150여 편이 수록된 번역 시집 '오뇌의 무도(懊惱의 舞蹈)'가 김억 번역으로 출간되기도 했다. 이때부터 일반화된 일본어로부터의 중역 관행은 해방 이후에도 오래 계속되었다.

1996년에 한국이 베른 협약에 가입하게 되면서 출판 번역은 일대 혁신을 맞았다. 저자 사후 50년이 지나지 않은 해외 저작물의 경우 정식 계약을 해야 번역, 출판이 가능해진 것이다(오미환, 2003, 5월 16일). 이로써 노벨상 등 대표적인 문학상 수상 작품을 여러 명이 나누어 번역하여 불과 몇 주 만에 서적 시장에 내놓는 고질적인 조립 번역 관행(박여성, 2002)이 많이 줄어들었고 중복 번역의 가능성도 차단되었다. 출판 번역의 품질이 제고되고 시장의 질서가 바로잡힐 계기가 마련된 것이다.

이러한 역사를 가진 한국 출판 번역의 오늘날 현황은 어떠할까? 이 질문에 답하기는 쉽지 않다. 이는 출판 서적의 판매 실적이 명확하게 집계되지 않고 또한 직원 규모 9명 이하인 출판사가 전체의 62%를 차

---

4) 캐나다 출신으로 1888년에 우리나라에 들어와 선교 활동을 했던 게일(James Scarth Gale)은 '천로역정' 외에도 '그리스도를 본받아', '로빈슨 크루소의 표류기' 등을 한국어로 옮겼고 '춘향전', '구운몽' 등을 영문으로 번역했으며 한영(韓英)사전도 편찬했다고 알려져 있다.

지할 정도로 산업 규모가 영세하다는 등(이임자, 1992) 여러 요인이 작용한 결과이다. 본 연구에서는 대한출판문화협회5)의 출판 통계 자료를 바탕으로 출판 시장에서 번역 도서가 차지하는 비중을 통해 출판 번역의 현황을 살펴고자 한다.

전체 출판 도서 중에서 번역 도서가 차지하는 비중을 보면 1995-2004년의 10년간 발행된 도서 총 346,167종 중에서 번역 도서가 78,604종으로 22.7%를 차지하고 있다. 출판도서 다섯 종 중 한 종 이상이 번역 도서인 것이다.

이러한 번역서 비중은 영국의 3.3%(1990년 기준), 프랑스의 17.6%(1991년 기준), 일본의 9.5%(1989년 기준) 등과 비교하면(쓰지 유미, 2001, p.235) 상당히 높은 편이다.

그런데 그림 2-1에서 보듯이 총 발행 도서 종수에서 번역서가 차지하는 비율은 지난 10년 동안 계속 증가하는 추세이다. 1990년대까지 10%대에 머물던 번역서 비율은 2000년부터는 25%를 넘어섰고 2003년에는 무려 29.1%를 기록하였다. 1995년의 15%와 2004년의 28.5%를 단순 비교하면 10년 사이에 두 배 가까이 늘어났다고 할 수 있다.

---

5) 대한출판문화협회는 한국의 출판 산업 및 출판 문화 발전을 위해 1947년에 창설된 단체로 매년 출판 통계를 발표하고 있다.

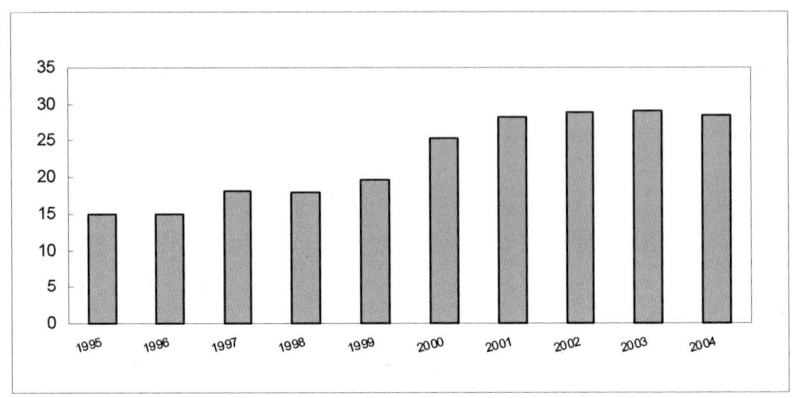

그림 2-1 총 발행 도서 종수에서 번역서가 차지하는 비율(%, 1995-2004년)

한편 1995-2004년의 10년간 발행된 번역 도서를 분야별로 나누어 보면6) 만화(34.18%), 철학(30.71%), 순수과학(30.66%), 아동(29.22%), 종교(27.97%), 문학(27.76%)의 순으로 비중이 높게 나타났다(표 2-1). 이들 분야에서는 적게 잡아도 네 종 중 한 종 이상이 번역서라고 할 수 있다.

---

6) 분야 구분에 있어서는 총류, 철학, 종교, 사회과학, 순수과학, 기술과학, 예술, 문학, 어학, 학습참고, 아동, 만화라는 대한출판문화협회의 방식을 그대로 따랐다.

표 2-1 1995-2004년간 발행된 도서 종수에서 번역 도서가 차지하는 비율

	총 발행도서 종수	번역 도서 종수	번역 도서 비율(%)
총 류	3,235	362	11.19
철 학	6,513	2,000	30.71
종 교	15,273	4,272	27.97
사회과학	42,632	6,202	14.55
순수과학	4,546	1,394	30.66
기술과학	35,948	4,248	11.82
예 술	12,264	2,599	21.19
어 학	14,921	1,511	10.13
문 학	50,031	13,891	27.76
역 사	9,455	1,593	16.85
학습참고	26,899	283	1.05
아 동	46,152	13,484	29.22
만 화	78,298	26,765	34.18
계	346,167	78,604	22.71

이러한 번역 도서의 비중은 번역 도서가 한국의 출판, 더 나아가 문화 전체에서 상당히 중요한 역할을 차지한다는 것을 보여준다. 상대적으로 제한된 독자층을 대상으로 하는 만화나 종교 분야를 제외한다 하더라도 철학, 순수과학, 아동, 문학 분야 모두에서 번역 도서의 비율이 27%를 넘은 것이다.

국내 대학 도서관에서의 번역서 이용 실태를 조사한 이현영(1996)이 대부분의 도서관 이용자들이 원서보다 번역서를 주로 이용하며 특히 역사, 철학, 종교 분야에서 이용률이 높다고 한 것도 번역 도서의 비율 현황과 맥을 같이 한다고 하겠다.

그런데 이러한 번역 도서 비중은 출판 번역이라는 범주에 모든 장르를 포괄한 본 연구의 입장을 뒷받침해 주기도 한다. 번역 도서 발행 종수로는 위의 네 분야 중 문학이 압도적으로 많지만 번역 도서가 차지하는 비중으로 보자면 철학이나 순수과학, 아동 분야가 앞서는 것이

다. 결국 한국의 출판 번역은 그 중요성이나 비중이 출판 분야 전반에 고루 걸쳐 있다고 할 수 있다. 따라서 그에 대한 접근 또한 전체적으로 이루어져야 할 필요가 있다.

다음으로 번역서의 출발 텍스트가 어느 국가의 것이었는지에 대해 살펴보면 1998년을 기준으로 했을 때 일본이 43%로 가장 높았다. 이처럼 높은 수치는 만화 번역이 대부분 일본어로부터 이루어지는 탓이라고 한다.7) 다음으로는 미국(26%), 영국(6%), 프랑스(6%), 독일(3%)의 순으로 나타났다. 만화 번역을 제외한다면 영어를 출발어로 하는 번역 도서가 압도적으로 많고 나머지 문화권의 비중은 상대적으로 적다고 할 수 있다.

한국의 출판 시장에서 번역 도서가 갖는 중요성은 베스트셀러 현황에서도 나타난다. 교보문고의 지난 20년간 연간 종합 베스트셀러 순위를 살펴보면 1년 동안 가장 많이 팔린 20권의 목록에 적으면 네 권, 많으면 여덟 권까지의 번역서가 포함되어 있다(교보문고 홈페이지). 심지어 1999년의 경우에는 1위부터 4위를 모두 번역서가 차지하기도 했다.8) 이는 번역 도서가 많이 출판될 뿐 아니라 많이 소비되기도 한다는 점을 보여준다.

2) 출판 번역 번역사 현황

출판 번역을 담당하는 번역사는 전업 번역사와 겸업 번역사로 크게 나누어진다. 번역 작가라고도 불리는 전업 번역사는 말 그대로 번역으

---

7) 1997년 일본 만화가 개방되면서 엄청난 양의 일본 만화가 번역되기 시작하였고 지금까지도 일본 만화는 한국의 만화 출판에서 절대적인 지위를 누리고 있다(신지홍, 2003, 9월 14일).

8) 1999년 연간 베스트 셀러 1위부터 4위는 오토다케 히로타다의 '오체불만족', 이케하라 마모루의 '한국 한국인 비판', 빌 게이츠의 '빌 게이츠@생각의 속도', 앤서니 기든스의 '제3의 길'이 각각 차지했다.

로 생계를 유지하는 부류이고 겸업 번역사는 전문 분야 관련서를 번역
출간하는 교수나 학자, 각 영역 전문가들이다. 국내에서 활동하는 출판
번역사가 몇 명이고 그 전체적인 특징이 어떠한지를 명확히 보여주는
자료는 매우 미비하다.

이런 상황에서 귀중한 자료로 사용될 수 있는 것이 '열린책들' 편집
부가 '미메시스 번역서 가이드북'9) 창간호(1999, pp.188-219)에서 실시
한 설문조사 '출판인들이 뽑은 한국을 대표하는 번역가들' 결과이다.
각 출판사의 대표나 편집인들에게 번역이 탁월하다고 생각되는 국내
출판 번역사(사망한 경우나 국내 저작의 외국어 번역자는 제외) 추천
을 의뢰한 후 추천 받은 번역사들에게 설문지를 보내 회수하는 방식으
로 이루어진 설문조사였다.

설문 내용은 1) 총 번역권수, 2) 자신이 최초로 번역 출판한 책, 3)
자신의 번역서 중 가장 번역이 잘 된 책, 4) 국내에서 해방 후 출간된
번역서 중 번역이 가장 좋은 책, 5) 향후 번역을 원하는 책 혹은 분야,
6) 현재 번역 중인 책으로 이루어져 있었다.

총 51명의 번역사가 설문에 응하였다. 결과를 간략히 소개하면 다음
과 같다. 출판사 네 곳 이상의 추천을 얻은 번역사들은 이윤기(15), 김
석희(9), 김화영(6), 김난주(5), 안정효(4), 이세욱(4), 이재룡(4)이었다(괄
호 안은 추천 출판사 수).

번역사들의 평균 연령은 45세였다. 과반수가 1950년대 후반에 출생
했다.

해방 이후 가장 뛰어난 번역서로 지목된 책은 이윤기 역 '장미의 이
름'(6), 안정효 역 '백 년 동안의 고독'(3), 김화영 역 '카뮈 전집'(2), 안
정효 역 '영혼의 자서전'(2), 백낙청 역 '문학과 예술의 사회사'(2)였다
(괄호 안은 추천인 수). 마지막 '문학과 예술의 사회사'를 제외하고는
모두 문학서이다.

---

9) 번역 도서에 대한 서평 전문지로 1999년과 2000년에 두 차례 발행되었다.

그런데 '열린책들' 편집부의 설문 결과 분석은 가장 많이 추천 받은 번역사들, 번역사들의 평균 연령, 해방 이후 출간된 가장 뛰어난 번역서를 제시하는데 그쳤다. 따라서 본 연구에서는 개략적이나마 국내 출판 번역가의 모습을 살펴보기 위해 설문 응답을 재분석해 보았다.[10]

우선 전체 51명 중에서 번역서 권수가 10권 미만인 번역사의 경우는 분석에서 제외하였다. 최초의 번역서가 출판된 해를 기준으로 하여 출판 번역에 종사한 기간을 계산했을 때 전체 평균이 11년이었다. 10년 남짓한 기간 동안 출판한 번역서가 10권 미만이라면 전문 출판 번역가라 보기 어렵다고 판단하였다. 또한 출판 번역에 종사한 기간이 짧아 번역서 권수가 10권 미만이라면 이 또한 경력이 미흡해 전문 출판 번역가라 보기 어렵다.

10권 이상의 번역서를 낸 출판 번역가들은 총 38명이었다. 평균 연령은 44세, 출판 번역에 종사한 평균 기간은 13년이었다.[11] 평균적으로 30대 초반에 출판 번역을 시작한 셈이다. 분석 대상인 번역사 38명의 명단은 표 2-2와 같다.

학력은 모두 학사 이상이었으며 해외에서 석사나 박사 학위를 취득한 사람도 15명이나 되어 전체의 39%를 차지했다. 학부 전공은 어문학이 가장 많았는데 어문학과 다른 학문을 복수 전공한 2인까지 더하면 총 33명으로 압도적인 대다수를 차지했다. 어문학을 전공하지 않은 5명의 전공은 신학, 경영학, 법학, 사회학, 철학으로 모두 인문계 출신이었다.

경력을 보면 9명은 현직 교수였고 6명은 출판사 편집부 출신이었다. 이를 합하면 전체 38명 중에서 40%나 된다. 문학을 학문으로 전공하다

---

10) 미메시스 창간호에 번역사들의 인적 사항과 설문 응답 전문이 게재된 덕분에 재분석이 가능했다. 나이나 학력을 제대로 밝히지 않은 8건에 대해서는 연구자가 해당 번역사의 번역서에 포함된 역자 소개를 통해 정보를 보충하였다.

11) 나이와 경력 등 모든 계산은 조사 시점인 1999년을 기준으로 하였다.

가 혹은 출판사에서 편집 일을 하다가 직접 출판 번역에 뛰어드는 경
우가 적지 않다는 것을 보여주는 수치이다.

조사가 행해진 1999년까지의 번역권수를 출판 번역 종사 기간으로
나누어 연간 번역권수를 계산해 보았다. 가장 많은 경우가 9.5권, 가장
적은 경우가 0.6권이며 평균은 3.8권이었다. 9.5권이라고 하면 한 권 번
역에 한 달이 조금 넘는 정도의 기간이 걸린 셈이 된다. 평균치인 3.8
권을 기준으로 보면 3개월이 조금 넘는 기간마다 도서 한 권을 번역했
다고 할 수 있다. 이는 상당히 짧은 기간으로 판단된다.

표 2-2 분석 대상 번역사 38명의 번역권수, 연령 및 전공

연번	이 름	번역권수	연령	전 공	연번	이 름	번역권수	연령	전 공
1	이윤기	200	52	신 학	20	이세욱	21	37	불어교육
2	안정효	150	58	영 문	21	김진준	21	35	영 문
3	김석희	120	47	불 문	22	남경태	20	38	사회학
4	한기찬	90	44	국 문	23	이충호	20	39	화학/영문
5	황보석	90	46	불 문	24	전영애	18	48	독 문
6	이창식	70	50	경 영	25	윤길순	17	38	영 어
7	양억관	70	43	국 문	26	정장진	16	43	불 문
8	김화영	55	57	불 문	27	김성곤	15	50	영 문
9	차경아	50	56	독 문	28	김정란	15	46	불 문
10	공경희	50	34	영 문	29	윤희기	14	41	영 문
11	정영목	50	39	영 문	30	석영중	14	40	노 문
12	김난주	45	41	국 문	31	안인희	13	45	독 문
13	이희재	40	38	심리/독문	32	두행숙	11	45	독 문
14	장선영	36	63	서 문	33	최애리	11	42	불 문
15	김남주	30	39	불 문	34	김병욱	10	39	불 문
16	이원희	30	43	불 문	35	이정우	10	40	철 학
17	최윤정	30	41	불 문	36	이재룡	10	43	불 문
18	유정희	25	38	불 문	37	윤호병	10	50	국 문
19	장동현	25	40	법 학	38	정동창	10	40	서 문

이상의 설문 결과로 얻은 출판 번역사의 평균적인 모습은 45세의 나이로 학부 혹은 대학원에서 어문학을 전공하였고 3개월에 한 권 정도를 번역하고 있다. 물론 이 결과는 번역 실력이 탁월하다는 추천을 받은 번역사들의 응답에만 바탕한 것이기 때문에 무조건 일반화하기는 어렵다. 하지만 오랜 기간 동안 출판 번역에 종사했고 지명도를 가진 번역사들을 대상으로 했다는 점에서 오히려 출판 번역가의 전형을 가장 잘 보여 준다고도 말할 수 있다.

한편 '열린책들' 편집부의 '미메시스 번역서 가이드북 2000'(2000, pp.320-354)은 '번역사들이 생각하는 번역 출판의 문제점'에 대해 다시 설문조사를 실시하였다. 이 결과 역시 출판 번역 현황에 대한 번역사들의 의견을 반영하고 있기 때문에 간단히 소개하겠다.

조사 대상 번역사 총 68인 중에서 한국 번역 출판의 문제점에 대해 응답한 경우는 43인이었다.12) 이 응답을 연구자가 분석한 결과는 표 2-3과 같다.

---

12) 설문에는 출판 번역의 문제점 외에 주요 번역서, 주로 번역하는 분야, 관심 분야, 1999년에 자신이 번역했던 도서, 1999년의 좋은 번역서에 대한 질문이 포함되어 있다.

표 2-3 번역사들이 생각하는 한국 번역 출판의 문제점

문제점	구체적인 내용	빈 도
출발 텍스트 선정	필요한 고전이 제대로 번역되지 못한다. 영어권, 제 1문화권에 치중된다.	13
낮은 번역료	번역료를 현실화해야 한다. 최소 생활이 가능한 수준을 지급해야 한다. 노력에 비해 보수가 너무 적다. 매절과 인세 방식을 혼합해야 한다.	12
번역 수준	영한사전의 의미 풀이 수준에 불과한 번역이 많다. 한국말 수준이 낮다 자의적인 첨삭을 가하는 번역이 많다.	12
번역과 번역사에 대한 인식	번역 작업이 제대로 인정받지 못한다. 번역사에 대한 기본적인 인식이 부족하다. 번역을 연구업적으로 인정하지 않는다.	11
번역 기획 및 저작권 중개	양서를 선정하지 못하고 상업성에 휘둘린다. 과도한 저작권 사용료를 물고 있다. 원본 도서의 가치를 과대 포장한다.	8
번역사의 전문성	번역사의 전문 분야가 필요하다. 필요한 전문지식을 갖추지 못한 번역사가 많다.	7
번역사 양성	전문 교육 기관이 필요하다.	2
번역 기간	번역 기간이 너무 짧다.	2

번역사들은 출발 텍스트 선정의 문제를 가장 많이 지적하였다. 한국의 출판 번역이 현대의 영어권 도서에 지나치게 편중되어 있다는 지적이다. 이와 함께 번역료 문제, 번역 수준 문제, 번역과 번역사에 대한인식 문제, 번역 기획 및 저작권 중개 문제, 번역사의 전문성 문제, 번역사 양성 문제, 번역 기간 문제가 언급되었다. 출판 번역의 현황을 간접적으로 엿볼 수 있는 응답들이다.

여기서 번역사들은 번역료, 번역 기간, 번역과 번역사에 대한 인식등 자신들의 직접적인 이해관계에 관련된 문제뿐 아니라 출발 텍스트선정이나 번역 기획 등 출판사의 의사결정 측면에도 관심을 보여 폭넓

은 시각을 드러내고 있다. 또한 번역 수준이나 번역사의 전문성 문제
는 번역사들 스스로에 대한 비판적인 사고를 보여준다.

번역료, 즉 번역사에 대한 경제적 처우는 번역사들이 두 번째로 많
이 지적한 문제였다. 이는 2장의 출판 번역 관련 연구에서 제기되었던
번역사에 대한 취약한 경제적 처우 문제가 한국에서도 마찬가지라는
점을 보여준다. 반면 기존 연구들이 지적했던 출판인과 번역사 사이의
불평등한 권력 관계 문제는 번역사 설문에서 나타나지 않았다.

4. 출판인 심층 면접을 통해 본 한국 출판 번역의 특징

앞서 밝혔듯이 출판 번역은 번역학에서 제대로 다루어지지 못했던
연구 대상이다. 따라서 2장 3절에서 제시한 한국 출판 번역의 현황에
더해 오늘날 한국에서 이루어지고 있는 출판 번역의 특징을 규명해야
할 필요성이 제기되었다. 이에 따라 본 연구는 2장 2절의 출판 번역
관련 연구에서 출판 번역의 중요한 참여자로 나타난 출판인을 대상으
로 삼아 심층 면접을 실시하였다. 이 절에서는 그 면접 조사의 방법과
결과를 소개한다.

1) 조사 방법

조사 대상 출판인으로는 경력 5년 이상, 편집권수 50권 이상의 편집
인 4인을 선정하였다. 출판인은 크게 보면 출판사에 소속된 인력, 즉
사장, 주간, 편집인, 영업 담당, 디자인 담당 등이 모두 포함되나 출판
번역 과정의 가장 1차적인 참여자는 편집인이라고 판단하였다. 편집인

은 번역사와 직접 접촉하며 번역 편집을 책임지기 때문이다.

출판 번역 과정의 실제를 탐색하려는 목적이었기 때문에 조사 방법은 비구조화된 심층 면접을 선택하였다. 면접 질문지에는 최소한의 개방형 질문만 담았고 면접 과정에서 피면접자가 자유롭게 관련 상황이나 의견을 말할 수 있도록 하였다. 면접 질문지는 '응답자 배경에 관한 질문'에서 시작하여 '출발 텍스트 및 번역사 선정 과정에 대한 질문', '번역 과정에 대한 질문', '편집 작업에 대한 질문'으로 나누어 구성하였다.13) 그리고 출판 번역 시장 및 번역사 처우 현황을 살피기 위해 '출판 번역 시장에 대한 견해를 묻는 질문', '번역사 처우에 대한 질문'을 포함시켰다. 조사에 사용된 면접 질문지는 부록에 제시하였다.

심층 면접은 사전 약속을 하고 출판사에 찾아가 피면접인이 질문지를 보면서 구두로 대답하는 내용을 연구자가 녹음 및 기록하는 방식으로 진행하였다. 응답 내용에서 의문이 있을 경우 연구자가 즉석에서 추가 질문을 던졌다.

심층 면접은 2004년 4월 16일부터 5월 3일까지 실시하였고 면접에 소요된 시간은 평균 40분이었다.

2) 조사대상의 특성

심층 면접에 응한 편집인 4인은 33-38세로 모두 대졸 출신이었다. 편집 경력은 5-11년, 편집 권수는 60-100권이었다. 4인 공히 국내서와 번역서 편집을 모두 경험하였고 번역서 편집 권수만 본다면 40-50권 수준이었다. 4인 중에서 3인이 여성이고 1인이 남성이었다(아래 제시한 조사 대상의 특성 표에서 마지막 네 번째가 남성이다).

---

13) 편집인을 대상으로 한 면접이었으므로 편집인이 주체가 되는 활동에 초점을 맞추어 질문지를 구성하였다.

편집했던 번역서의 장르는 매우 다양했다. 크게 문학, 실용서, 교양서, 과학서로 나누어볼 때 편집인 1과 2는 각각 실용서와 문학을 제외한 전 분야에서 편집 경험이 있었고 편집인 3은 문학과 교양서를, 편집인 4는 과학서를 전문으로 했다. 여기서 실용서란 취미 활동 도서, 가벼운 재테크 도서, 처세술 도서 등을 포함하고 교양서는 일반 대중을 위한 인문·사회과학 도서를 말한다.

표 2-4 조사대상 편집인 4인의 특성

	연령	학 력	편집경력	편집권수 (국내서편집)	편집 분야
1	38	대졸(사회학)	8년	100(20)	실용서 외 전 분야
2	36	대졸(신문방송학)	11년	100(50)	문학 외 전 분야
3	37	대졸(불어불문학)	8년	90(50)	문학, 교양
4	33	대졸(수의학)	5년	60(10)	교양과학서

3) 조사 결과

면접 질문지의 구성에 따라 응답을 제시하면 다음과 같다.

* 출발 텍스트 및 번역사 선정

출발 텍스트 선정은 번역될 외국어 도서 혹은 텍스트의 선택을, 번역사 선정은 도서 번역을 담당할 번역사의 선택을 말한다.

출발 텍스트 선정은 편집인과 사장이 주관하며 때로는 영업 담당자가 공동 참여하기도 한다. 출발 텍스트 선정 방법은 크게 인터넷 등을 통한 편집인 본인의 검색, 전문가의 소개, 에이전시 중개로 나누어지는데 본 연구의 조사 대상 편집인들은 직접 해외 도서를 검색해 고르는 경우가 많다고 응답했다. 출발 텍스트 선정 과정에서 가장 크게 고려되는 사항은 영리 법인인 출판사의 특성 상 상업성, 즉 시장에서의 판매 가능성이었다. 이와 함께 출판사 나름의 전문 분야에 대한 적합성 여부도 고려된다.

번역사 선정은 편집인이 사장 등 운영진에게 추천해 허락을 받는 식으로 이루어진다. 대개의 경우 선정된 도서와 장르가 동일하거나 주제가 유사한 책을 기존에 번역, 출판했던 경험자 중에서 편집인이 문체 특성 등을 감안하여 번역사를 선택한다. 다른 출판사 편집인으로부터 추천을 받기도 한다. 번역사의 전공은 그리 중시되지 않는다. 위험부담 때문에 초보자는 선뜻 쓰지 않으려 하며 불가피한 경우 샘플 번역을 받아 충분히 검토한 후 번역을 의뢰한다. 대체로 전공 교수 등 분야별 전문가보다는 전업 번역사를 선호한다고 한다.

결국 편집인은 출발 텍스트 선정과 번역사 선정 모두에서 중심적인 역할을 담당하는 것으로 나타났다. 출발 텍스트 선정에서 가장 크게 고려되는 점이 상업성이라는 답변은 3절에서 번역사들이 한국 출판의 문제점으로 출발 텍스트 선정의 편향성과 번역 기획의 상업성을 지적했던 것과 일맥상통한다.

* 번역사의 번역 과정

번역사에게 번역을 의뢰한 후 번역 결과물이 납품될 때까지의 기간이 얼마나 되는지, 의뢰 시점에서 편집인이 요구사항을 전달하는지, 번역 중에 번역사와 편집인이 의견을 교환하는지 물었다.

평균적인 번역 기간은 원고지 천 매 분량을 기준으로 했을 때 2-3개월 정도로 나타났다. 번역사가 전업인지, 겸업인지에 따라, 책의 난이도나 시의성에 따라 번역 기간의 조정이 가능하다. 편집인들이 말하는 이러한 번역 기간은 앞서 3절에서 번역사 경력을 통해 추론했던 도서 한 권의 번역 기간 3개월과 일치하고 있다.

편집인은 번역사에게 번역을 발주하면서 다양한 요구사항을 전달하고 있었다. 시장에서 어떤 방향으로 책을 부각시킬 것인지에 대한 계획을 미리 알려 주면서 그에 어울리는 번역을 요구하는 경우도 있고 편집인이 책을 완전히 파악하지 못한 상태일 때에는 번역 과정에서 책에 대한 추가적 정보를 알려 달라고 요구하기도 한다. 문체 측면에서 요구 사항이 전달되기도 한다.

번역 과정 중에 번역사와 편집인 사이에 의견 교환이 이루어지는가의 여부에 있어 편집인 4인 중 2인은 그렇다고 답하였고 나머지 2인은 아니라고 하여 응답이 절반으로 나뉘었다. 의견 교환이 이루어지는 구체적인 경우로는 번역사가 번역 과정에서 부딪치는 문제를 먼저 알리고 의논해 오는 경우, 편집인 측에서 번역 진행 상황을 확인하고 책의 특징을 파악하고자 하는 경우가 있었다.

* 편집 작업

편집 작업은 번역물 납품 이후 출판에 이르기까지 번역물이 거치는 교정 교열, 수정 과정을 말한다. 편집 작업에 소요되는 기간, 편집 정도, 장르별 차이 등에 대한 응답은 다음과 같았다.

편집 기간은 짧으면 한 달 반, 길면 1년까지도 걸린다. 평균적으로는 3-4개월 정도이다. 번역 원고가 들어오면 일단 전체를 훑어 살펴보면서 책의 전체 내용과 번역 수준을 확인하는 단계를 거치고 대개 초교부터 4교까지 네 차례에 거쳐 교정 교열[14] 을 한다. 이 중 초교가 가장 시간이 많이 걸리는 단계로 10일에서 한 달 정도 소요된다고 한다. 시간과 인력의 부족으로 인해 초교나 재교는 외부에 의뢰하기도 하지만 이런 경우는 어쩔 수 없는 상황에 국한되며 대개는 담당 편집인이

---

14) 교정교열은 비슷한 의미로 혼용되는 경향이 있지만 엄밀하게 구분하자면 교정은 단순히 오탈자 등을 바로잡는 작업인데 반해 교열은 잘못된 문장을 수정하고 나아가 지면 전체의 오류를 바로잡는 일을 말한다(강경주, 2005).

책임지고 편집을 맡는다.

편집부에서 오탈자, 띄어쓰기, 비문 수정 등 기본적인 교정 교열만 하면 되는 경우가 전체의 70% 정도라고 한다. 하지만 편집인 입장에서 마음에 드는 번역일 확률은 5-15% 정도로 매우 낮았다. 도저히 쓸 수 없는 번역 실패 상황도 전체의 10% 정도 나타난다. 이런 경우 출판사 내에서 혹은 외주를 통해 원본과 문장을 하나하나 대조하면서 다시 번역해 가는 작업을 거치게 된다. 번역 실패는 전적으로 그 번역사를 섭외한 편집인의 잘못으로 인식된다. 또한 번역 실패 상황이라면 그 번역사에게 다시 수정을 의뢰해 보았자 개선의 가능성이 별로 없기 때문에 출판사 내에서 해결하는 일이 많다.

내용 첨삭이나 번역 수정이 이루어지는 과정에서 의견을 교환하는 경우와 그렇지 않은 경우는 반반 정도이다. 번역에 문제가 많은 경우에는 의견을 교환해 보았자 상황이 개선될 수 없다고 생각하여 편집부 내에서 해결하는 편이다. 편집인에 따라서는 자기주장이 강해 역자와 협의를 거치지 않고 수정하는 경우도 있는데 이렇게 되면 번역사와 갈등이 빚어질 수 있고 극단적인 상황에서는 법정 충돌로 비화하기까지 한다.15) 반면 번역사가 편집 과정에 공동 참여해야 하는 존재라고 생각하는 편집인도 있으며 이때에는 활발한 의견 교환이 이루어진다. 대개 문제가 되는 사안은 지나친 직역투나 번역투, 비문 남발, 책 내용과 어울리지 않는 문체 등이다.

편집 작업은 장르별로 조금씩 차이가 난다. 편집인들은 번역사가 해당 분야에 대한 기초 지식을 제대로 갖추고 있고 용어나 개념, 인명, 지명 등에서 오류를 저지르지만 않는다면 인문서 번역의 편집이 가장 쉽다고 말한다. 반면 실용서는 쉽고 재미있게 읽혀야 하는 책이기 때문에 편집인이 문장이나 문체를 많이 고치는 편이다. 문학서 편집에서

---

15) 이와 관련해 편집인 5는 한국 출판업계의 편집인들의 충분한 자질과 역량을 갖추지 못한 경우가 많다고 지적했다.

도 문제가 중요하지만 실용서와 달리 출발 텍스트에서 그리 자유롭지 못하기 때문에 수정 가능한 범위에 어느 정도 한계가 있다.

번역서 편집 과정에서 가장 크게 느꼈던 애로 사항으로는 다른 무엇보다도 품질 미달의 번역 원고가 많다는 점이 지적되었다. 하지만 편집인들은 이것이 번역사의 낮은 보수, 그 결과로 빚어진 유능한 번역사의 수적 부족 등 구조적 문제라는 점을 인식하고 있었다. 2장 3절에서 번역사들이 한국 출판의 문제 중 번역 수준 문제를 세 번째로 많이 지적되었다는 점과 연결시켜 보면 번역사와 편집인 모두 번역 품질에 문제를 제기하고 있다고 볼 수 있다.

* 출판 번역 시장

편집인들이 한국의 출판 번역 수준에 대해 전반적으로 어떻게 생각하고 있는지, 또한 번역 수준이 책의 시장성 혹은 상업성을 크게 좌우한다고 여기는지의 여부를 물었다.

편집인들은 번역사가 납품하는 번역물의 품질이 조금씩 개선되고 있기는 하지만 여전히 불만족스러운 수준이라고 응답했다. 하지만 국내 출판 도서의 전반적인 번역 수준은 납품 번역물이 편집부의 편집 과정을 거치는 만큼 그리 나쁘지 않은 수준이라고 생각하고 있었다.

번역 수준이 책의 시장성을 좌우하는가 하는 문제에서는 편집인들의 의견이 두 갈래로 나뉘었다. 결정적인 영향을 미친다고 생각하는 편집인이 있는가 하면 지독히 나쁜 번역만 아니라면 큰 요인이 되지 못한다고 여기는 편집인도 있었다. 전자의 편집인들은 이제 번역 도서의 독자들도 과거와 달리 출판사 홈페이지 등을 통해 적극적으로 의견을 개진하고 번역 비평에 나선다는 점을 지적하였다. 반면 후자의 편집인들은 일단 읽어서 이해가 가능하다는 최소 기준만 충족된다면 번역 수준보다는 원저자의 지명도, 홍보 등 다른 요인이 더 크게 작용한다고 생각하고 있었다.

* 번역사 처우

번역사에 대한 처우는 크게 물질적인 측면과 비물질적인 측면으로 나누어 질문하였다.

물질적인 측면의 처우, 즉 번역료는 인세 또는 매절로 지급된다. 인세는 4% 안팎, 매절은 원고지 한 매당 3000-3500원 수준이다. 편집인들은 번역료가 매우 낮은 편이라고 생각한다. 또한 인세 또는 매절의 번역료 지급 방식도 번역사에게 불리하게 결정된다는 점을 인정하고 있었다. 예를 들어 많이 팔릴 것으로 예상되는 책은 매절로 계약하고 반면 별로 팔리지 않을 책은 인세로 하는 일이 많다는 것이다. 매절 번역료는 번역 기간, 번역사의 유명세, 번역 언어 종류 등에 따라 달라지기도 하지만 그 차이는 크지 않다.

번역사에 대한 비물질적 측면의 대우는 역자 약력, 역자 서문, 역주 등 번역 도서에서 번역사의 존재가 드러나는 양상을 통해 파악하고자 했다. 역자 약력의 경우 편집인 4인 모두가 반드시 요구하여 출판 도서에 포함시킨다고 응답했다. 역자 서문이나 후기가 들어가는 경우는 전체의 50% 정도이다.16) 역주는 편집인이 굳이 요구하는 경우는 별로 없고 번역사가 번역 과정에서 필요하다고 판단하는 경우 넣게 된다고 한다. 다만 어느 수준까지 역주를 넣어야 할 것인가에 대해서 편집인과 번역사 사이에 의견 차이가 나타날 수 있고 이는 편집 과정에서 조정된다.

이상의 편집인 심층면접 결과에서 나타난 한국 출판 번역의 특징을 정리하면 다음과 같다.

첫째, 오늘날 한국의 출판 번역에서 편집인은 출발 텍스트 및 번역사 선정, 납품된 번역물의 편집 등 핵심적인 역할을 담당하고 있다는

---

16) 나머지 50%의 경우에는 대개 관련 분야에 종사하는 국내 전문가의 추천사가 들어간다고 한다.

점이 확인되었다. 이는 2장에서 소개한 관련 연구와 일치하는 결과이다. 편집인은 번역물의 편집을 책임지는 존재로서 번역사 선정에도 커다란 영향력을 행사하는 것으로 나타났다.

둘째, 2장의 관련 연구에서 언급되었던 편집인과 번역사 사이의 비대칭적 권력 관계는 편집인 심층면접에서 분명히 드러나지 않았다. 이는 한국 출판 번역의 문제에 대한 번역사 설문 결과와도 일치하는 결과이다. 편집인 중에는 번역사를 동료 편집인 정도로 생각하고 처음부터 끝까지 전 과정에 걸쳐 의견을 교환한다는 경우까지 있었다. 물론 물질적 처우 측면에서는 편집인들도 번역사의 취약한 지위를 인식하고 있었다. 반면 번역사의 이름과 약력이 번역 도서에 반드시 포함되는 등 비물질적인 측면의 처우는 낮지 않았다. 이는 비출판 번역과는 다른 출판 번역의 중요한 특징을 이루며 이로 인해 출판 번역은 번역사가 자신의 경력과 결과물을 명백하게 축적할 수 있는 드문 유형의 번역으로 자리매김된다.

셋째, 편집인은 무려 네 차례의 교정 교열 단계를 통해 번역사가 납품한 번역물을 수정하고 있었다. 번역 과정과 편집 과정 중에 번역사와 활발히 의사소통 한다는 경우도 나타났다. 이러한 상황으로 볼 때 출판 번역의 결과물인 번역 도서는 번역사와 편집인의 공동 작업물로 보아야 한다. 그리고 출판 도서의 번역 품질에 대해서도 번역사와 편집인이 책임을 공유한다고 할 수 있다. 공동 작업이라는 점 또한 비출판 번역과 구별되는 출판 번역의 특징을 이룬다.

넷째, 편집인들은 번역사가 납품하는 번역물의 품질에 많은 불만을 나타냈다. 납품 번역물이 만족스러운 경우가 전체의 5-15%에 불과하다는 점은 충격적이기까지 하다. 본 조사에서 편집인이 생각하는 만족스러운 번역의 기준이 분명히 밝혀지지는 못했다. 하지만 '독자가 읽기에 가장 편안한 번역', '한국어를 문법에 맞게 제대로 구사하는 능력', '제대로 말이 되어서 읽히는 문장' 등의 언급을 고려할 때 읽어서 이해할 수 있다는 기본 수준에도 못 미치는 납품 번역물이 상당히 많은 것으로 보인다.

한편 편집인 면접 조사 결과는 번역 과정의 개념이 기존 번역사 위주의 시각을 벗어나 확대될 필요를 제기한다. 언어 전환을 중심으로 하는 번역학에서 바라보는 번역 과정은 그림 2-2에서 보듯 '출발 텍스트의 분석-전환-도착 텍스트의 재생산'(Nida, 1964)으로 대변된다. 이는 모두 번역사의 머리 속에서 일어나는 과정이다.

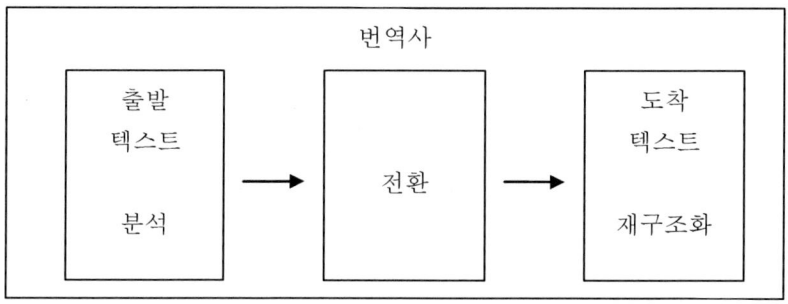

그림 2-2 언어 전환 중심의 번역 과정

하지만 출판인, 독자, 비평가 등 다양한 참여자가 존재하는 출판 번역에서는 위의 과정 전후에 여러 단계가 존재하고 있었다. 출발 텍스트가 분석되기에 앞서 어떤 텍스트를 번역해야 할 것인지 선택하는 행위가 있고 특정 번역사를 선택하여 번역을 의뢰하는 행위도 있다. 출발 텍스트의 선택 문제는 2장의 번역사 설문에서도 나타난 바 있다. 또한 번역사가 재생산한 도착 텍스트는 앞서 Wong & Shen(1999)이 지적했듯 편집인의 편집 작업을 거치게 된다. 여기에 Lefevere는 비평가, 언론인 등까지도 번역 시스템의 요소로 포함시킨다.

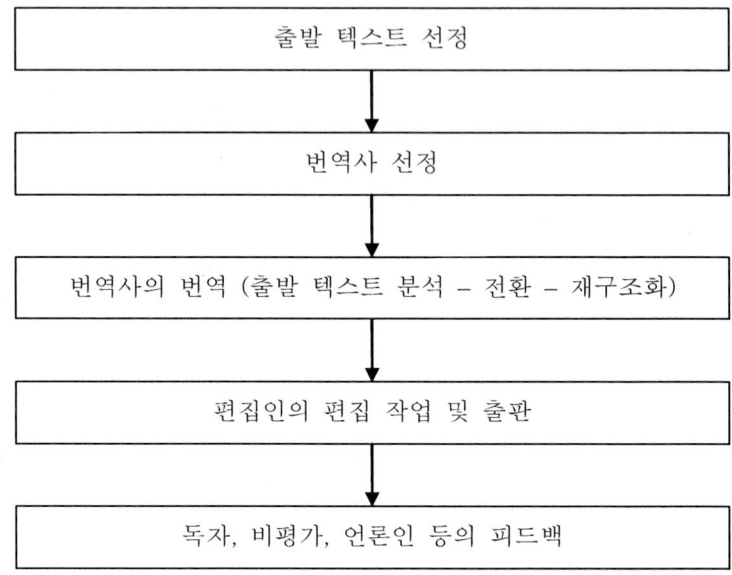

그림 2-3 출판 번역의 과정

　이에 따라 본 연구에서는 출판 번역의 과정을 출발 텍스트 선정－번
역사 선정－번역사의 번역－편집인의 편집 작업 및 출판－독자, 비평
가, 언론인 등의 피드백이라는 5단계로 정리하겠다(그림 2-3). 그림
2-2에서 나타났던 번역사의 번역 과정은 이제 출판 번역 과정의 한 단
계에 불과하게 된다.
　이상과 같은 편집인 면접 조사 결과는 소수의 편집인을 대상으로 하
여 얻은 것이므로 일반화에 한계가 있으며 추후 보완 검증될 필요가
있다. 하지만 5～11년의 경력을 가진 편집인들의 응답이므로 최소한의
타당성은 확보되었다고 판단된다.

Ⅲ. 번역 규범의 개념 및 관련 연구

본 연구는 한국출판번역이라는 연구 대상을 기술하기 위해 번역 규범 이론을 도입하였다. 이 장에서는 번역 규범의 개념과 모델, 관련 연구에 대해 고찰하겠다.

1. 번역 규범의 개념

'규범'이란 사회학 등 사회과학 분야에서 사용되기 시작한 용어로 사회 구성원이 공유하는 가치 체계, 강제력을 가진 관습, 사회화를 통해 학습되는 대상, 옳고 그름을 구분하도록 해 주는 기준 등의 의미를 갖는다. 이 개념이 언어학에 접목된 것은 Coseriu의 'Sistema, norma y habla'(1951)로 거슬러 올라간다(Snell-Hornby, 1995, p.49). 그는 소쉬르의 랑그(langue)와 파롤(parole) 이분법이 부적절하다고 지적하면서 추상적인 체계와 현실의 텍스트 사이를 연결하는 개념으로서의 규범을 제안했다. 이후 규범 개념은 사회 언어학 등 응용 언어학 분야에서 '올바른 언어 행동을 정의하는 규칙 혹은 관행'(Hudson, 1980, p.116)의 의미로 널리 사용되었다.

번역학 분야에 규범 개념을 도입한 것은 Toury이다(Baker, 1998; Tabbert, 2002). Toury는 1970년대 말에 번역 규범을 '특정 사회문화적 상황 속에서 나타나는 번역 행동의 일관성(regularities)'이라고 규정하였다. 그의 번역 규범은 번역사의 능력(competence)과 실제 번역 (performance) 사이를 중재하는 역할을 한다(Shuttleworth & Cowie,

1997, p.54; Hermans, 1999, p.75). 여기서 번역사의 능력이란 번역사가 가지는 다양한 선택의 가능성(options)을, 실제 번역이란 번역사가 내리는 선택을 말한다. 결국 번역사가 다양한 가능성 중에서 특정 선택을 내리도록 하는 것이 사회문화적 규범이 된다는 것이다.

Toury의 정의에서 드러나듯 번역 규범은 '사회'와 '문화'를 바탕으로 한 개념이다. 번역이 특정 시간과 공간을 배경으로 하는 사회문화적인 행위로 파악되는 것이다. 따라서 번역 규범 개념은 기존의 언어적 한계를 벗어나 문화적인 차원에서 번역을 바라보는 '문화적 전환(cultural turn)' 흐름의 일부를 이루게 된다. 이러한 맥락에서 Schäffner(1999)는 번역을 사회적 차원으로 끌어낸 번역 규범적 접근이 과거의 언어학적 접근, 이후의 텍스트 언어학적 접근의 뒤를 잇는 개념이라 설명하고 있다.

Baker(1998) 또한 번역 규범의 바탕을 Even-Zohar의 다중체계(polysystem) 이론에서 찾으며 사회 문화적 측면을 강조한다. 다중 체계 이론을 통해 번역학은 사회 문화적 맥락(context)을 고려하지 않고 출발 및 도착 텍스트의 비교에 머물던 기존의 한계를 벗어나 번역 텍스트가 도착 문화권의 문어 체계(literary system)에서 수용되는 양상에 관심을 갖게 되었던 것이다.

번역 규범은 기존의 번역 이론을 새로운 시각에서 바라보도록 한다. 예를 들어 Nida(1964, 1969)의 등가성(equivalence)[17] 개념을 보아도 그

---

17) Nida의 등가성은 출발 텍스트와 도착 텍스트 간의 관계를 다루는 개념으로 형식적 등가(formal equivalence)와 역동적 등가(dynamic equivalence)로 나누어진다. Nida는 역동적 등가를 달성하는 번역, 다시 말해 '출발 텍스트와 독자 사이에 존재하는 것과 동일한 관계가 도착 텍스트와 독자 사이에 존재하는' 번역이 이상적이라 주장했다(1964, p.159). 번역된 도착 텍스트를 읽는 독자의 반응은 원문 텍스트를 읽는 독자의 반응과 동일해야 한다. 그리고 이를 가능케 하는 방법은 출발 텍스트의 문법, 어휘, 문화적 지시물에 조정(adaptation)을 가해 완벽한 자연스러움(complete naturalness)을 이끌어내는 것이었다. 이는 역동적 등가의 목표가 '출발어 메시지에 최대한 가

렇다. 번역에 대한 언어학적 접근과 텍스트 언어학적 접근 모두에서
등가성 개념은 많은 논쟁을 야기해 왔다. 여기서 번역 규범 개념은 매
우 유용한 도구로 등장한다(Schäffner, 1999). 도착 텍스트가 출발 텍스
트와 등가를 이루는지의 여부를 결정하는 기준이 번역 규범이 되기 때
문이다. 등가성은 절대적 개념에서 상대적 개념으로 전환된다. 번역은
특정 시대, 특정 사회 문화의 틀 속에서 요구되는 등가성 기준을 충족
시켜야 할 뿐 절대적인 등가성 기준은 사라진다. 이를 두고
Hermans(1999)는 이제 등가성은 번역이라는 문화적 구조물(cultural
construction)의 일부에 불과하다고 하였다. 적절성(adequacy)과 수용가
능성(acceptability) 사이의 긴장 관계가 규범에 의해 조정된다는
Toury(1999)의 주장도 같은 맥락으로 이해된다.

　그런데 번역 규범에는 규정적(prescriptive)인 측면, 즉 번역이 어떠
해야 한다는 규정을 세우는 차원과 기술적(descriptive)인 측면, 즉 번
역이 어떠한 모습으로 이루어지고 있다는 현실 파악의 차원이 모두 존
재한다. 위에서 제시한 규범 혹은 번역 규범의 개념 규정을 보더라도
언어학자들은 규정적인 측면에, Toury는 기술적인 측면에 초점을 맞추
고 있다.

　Snell-Hornby(1995)는 이를 두고 번역을 위한 규범은 프로토타입
(prototype), 즉 이상적인 원형인 동시에 관행(convention)의 문제일 수
밖에 없다고 설명한다. 그리고 지금까지는 전자, 즉 규정적인 측면이
주로 다루어져 왔다고 분석한다.

　기술 번역학(descriptive translation studies)의 필요성을 역설하는
Toury(1995)와 Chesterman(1999)은 번역 규범의 기술적 측면에 대한
연구를 강조한다. Chesterman은 번역 규범을 통해 번역학이 번역에 정
답이 존재한다는 가정을 바탕으로 하는 기존의 규정적 차원에서 한 걸

　까우면서 자연스러운 등가물'(Nida, 1964, p.166; Nida & Taber, 1969,
p.12)이라는 설명에서도 드러난다.

음 더 나아가게 되었다는 평가를 내리기도 했다.

Komissarov(1993) 또한 번역 규범의 기술적 측면을 강조한다. 그는 번역 규범이 번역 이론의 실용적 응용, 예를 들어 평가 문제 같은 것과 관련되어 주로 다루어져 왔고 이 때문에 규정적인 성격을 띠게 되었다고 설명한다. 하지만 '올바른' 번역의 정의를 내리고 올바른 번역에 도달하기 위한 규정을 수립하려 했던 이러한 연구들은 결국 일관된 규정을 내놓지 못해 비난을 받게 되었다. Komissarov는 응용학문인 번역학은 '해야 하는 바(what we should have)'를 제시하기 보다는 '실제 하고 있는 바(what we have in reality)'를 보여야 한다고 주장하며, 충분한 근거 없이 섣불리 규범을 내세우려는 시도에 경고를 보내고 있다.

본 연구는 이들 학자의 주장에 따라 번역 규범을 기술적인(descriptive) 측면에서 파악하고자 한다.

번역 규범이 가진 중요한 속성으로 번역 규범이 끊임없이 변화한다는 점을 들 수 있다. 번역 규범은 끊임없는 타협의 과정이다(Toury, 1999). 이 타협에는 번역사, 출판인(publisher), 편집인(editor), 번역 교사, 비평가, 검열자(censor) 등 다양한 이들이 참여한다. 타협의 결과는 계속 바뀔 수밖에 없다. 번역 규범은 시간과 공간에 따라서도 변화한다. 과거의 번역 규범과 현재의 번역 규범, 한 문화권의 번역 규범과 다른 문화권의 번역 규범이 모두 다르며 이들은 상호 영향을 미치고 있다.

본 연구에서 다루고자 하는 번역 규범은 오늘날 한국의 출판 번역에서 나타나는 번역 규범으로 제한된다. 또한 독자들의 번역 비평을 분석 대상으로 삼아 번역 규범을 규명하고자 하므로 '번역 평가 규범'이라는 용어를 사용하겠다. 이를 통해 번역사의 번역 과정에서 작용하는 번역 규범과 혼동을 일으킬 가능성을 최소화하고자 한다. 이에 따라 본 연구의 번역 평가 규범은 '오늘날 한국 출판 번역의 다양한 참여자들이 번역 결과물에 대해 공유하는 사고방식'으로 정의된다.

2. Toury와 Chesterman의 번역 규범 모델

번역 규범을 기술(description)하기 위한 번역 규범 모델은 Toury (1995)와 Chesterman(1997)이 제시한 바 있다. 이들 번역 규범 모델은 여러 하위 규범으로 이루어진 형태이다. 특정 시간과 공간을 배경으로 하는 사회 문화적인 번역 행위의 규범이란 모호하고 추상적인 개념일 수밖에 없다. 따라서 하위분류는 규범을 조금이라도 더 구체화하기 위한 방법이 된다.

Toury의 번역 규범은 크게 초기 규범(initial norm), 예비 단계 규범 (preliminary norms), 작용 규범(operational norm)으로 나뉜다. 이 세 규범은 번역 이전 단계, 번역 직전 단계, 번역 단계라는 시간적 순서에 따라 차례로 작용하게 된다.

초기 규범은 두 언어, 두 문화를 포괄하는 번역이라는 활동에 있어 번역사가 당면하는 두 가지 요구에 관련된다. 그 요구는 첫째, 도착 언어 문화권에서 적절하게 여겨지는 텍스트를 생산하면서 동시에 둘째, 출발 언어 문화권을 대표해야 한다는 것이다(1995, p.56). 이 두 가지 요구를 어떻게 적절히 조화시키는가가 바로 초기 규범을 이룬다.

예를 들어 출발 텍스트의 규범, 다시 말해 출발 언어와 문화의 규범에 충실한 번역사는 '적절한(adequate)' 번역을 추구하고 이와 반대로 번역물을 소비할 도착 문화의 규범을 중시하는 번역사는 '수용가능한 (acceptable)' 번역을 생산할 것이다(1995, pp.58-60).[18]

예비 단계 규범은 번역 직전 시점에 작용하는 규범으로 번역 정책 (translation policy)과 번역의 직접성(directness of translation)으로 나

---

18) 초기 규범을 기술하기 위해 Toury가 도입한 '적절성'과 '수용가능성' 개념에 대해서는 비판이 적지 않다. 특히 '적절성'은 번역 규범의 규정적인 (prescriptive) 측면을 연상시킨다는 점에서 극도의 혼란을 야기한다는 (Hermans, 1997, pp.76-77) 지적을 받기도 한다.

뉜다. 번역 정책은 번역될 텍스트의 유형, 혹은 더 나아가 개별 텍스트를 선택하는 단계에서 작용하는 요소들을 말한다. 번역의 직접성은 출발 텍스트의 본래 언어가 아닌 언어를 출발어로 삼는 번역에 대한 허용 정도를 의미하는 개념이다. 다시 말해 중역(重譯)의 허용 가능성 문제이다. 중역이 선호되는지, 허용되는지 혹은 금지되는지가 주된 관심사이다.

작동 규범은 출발 텍스트와 도착 텍스트의 관계에 관한 규범으로 형체 규범(matricial norm)과 텍스트 언어 규범(textual-linguistic norm)으로 나뉜다. 형체 규범은 출발 텍스트의 각 부분이 도착 텍스트에 빠짐없이 구현되어 있는지, 출발 텍스트의 구조나 구성이 변함없이 유지되었는지 등을 다룬다. 반면 텍스트 언어 규범은 도착 텍스트에 초점을 맞춘 규범으로 도착어의 텍스트 언어 요소들이 선택되는 과정에서 작용한다.

Toury의 번역 규범 모델을 그림으로 나타내면 다음과 같다(그림 3-1). 규범들 사이의 화살표는 번역 이전 단계부터 번역 직전 단계, 번역 단계로 이어지는 순차적 관계를 보여주기 위해 삽입하였다. 또한 이는 각 단계에서 작용하는 규범이 다른 단계에 영향을 미칠 수 있음을 의미하기도 한다.

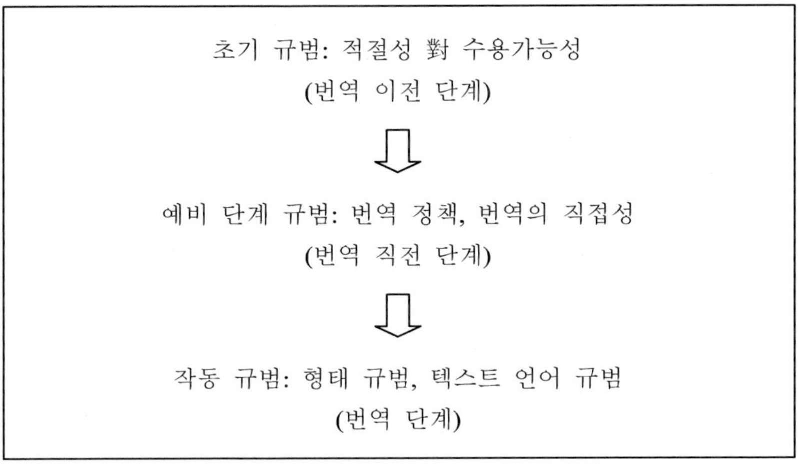

초기 규범: 적절성 對 수용가능성

(번역 이전 단계)

⇩

예비 단계 규범: 번역 정책, 번역의 직접성

(번역 직전 단계)

⇩

작동 규범: 형태 규범, 텍스트 언어 규범

(번역 단계)

그림 3-1 Toury의 번역 규범 모델

한편, Chesterman(1997, pp.64-69)의 번역 규범 모델은 크게 기대 규범(expectancy norm)과 직업인 규범(professional norm)으로 나뉜다(그림 3-2). 기대 규범은 번역 결과물 규범(product norm), 직업인 규범은 번역 과정 규범(process norm)이라고도 불린다.

번역 과정의 단계를 기준으로 삼은 Toury와 달리 Chesterman은 규범의 인식 혹은 실현 주체를 기준으로 하고 있다. 그리하여 번역물 독자를 주체로 하는 기대 규범과 번역사를 주체로 삼는 직업인 규범이 제시된다.

기대 규범은 직업인 규범보다 상위에 있다. 하지만 이는 상대적으로 더 큰 권위를 가지는 것이라기보다는 도착어 공동체가 가지는 견해, 가정, 기대를 폭넓게 반영하는 것으로 설명된다(Shuttleworth & Cowie, 1997, p.54).

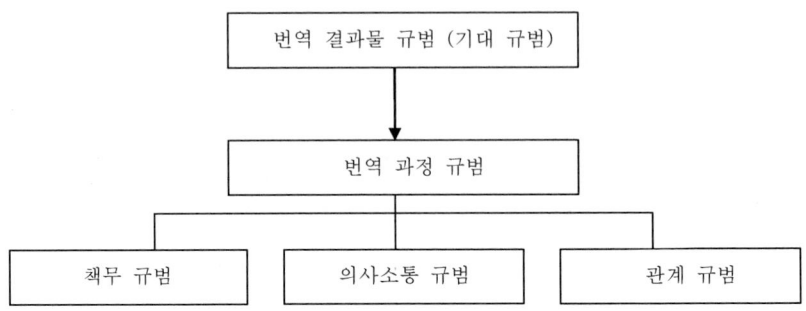

그림 3-2 Chesterman의 번역 규범 모델

기대 규범은 무엇이 옳고 적절한 번역인지에 대한 독자들의 기대를 바탕으로 한다. 별도의 하위 영역을 가지지는 않으며 다만 번역물이 도착 문화의 문어 체계(literary system)에서 독특한 지위를 차지하며 '두드러지는 것을'(overt) 기대하는 쪽, 그리고 번역되지 않은, 본래부터의 도착어 텍스트와 구별되지 않을 정도로 '자연스럽게 여겨지는'(covert) 번역물을 기대하는 쪽이라는 양극단이 존재한다. 이는 도착 문화권의 번역 전통, 도착 언어권에 존재하는 병렬 텍스트(parallel text), 경제적 이데올로기적 요소들, 권력 관계 등에 영향을 받는다. 포괄하는 내용도 텍스트 유형에 따른 관행, 스타일이나 어역(register), 문법성, 텍스트 요소의 적절한 배치, 어휘적 선택 등으로 다양하다.

다른 한편 기대 규범은 번역 결과물이 해당 사회 문화권에서 '번역으로서' 받아들여질 수 있는가의 문제로 해석되기도 한다(Chesterman, 1993). 무엇이 옳고 적절한 번역인지에 대한 독자들의 기대는 더 나아가 번역인지, 아닌지를 판단하는 데까지 이어지는 것이다. '두드러지는 번역'과 '자연스럽게 여겨지는 번역'의 양극단을 가진 스펙트럼에 포함되지 못한 번역 결과물이 번역으로 인정받거나 받아들여지지 못한다고 볼 수 있다.

직업인 규범은 번역 과정에서 번역 방법과 전략을 결정하는 규범이다. 이는 책무 규범(accountability norm), 의사소통 규범(communication norm), 관계 규범(relation norm)으로 이루어진다. 책무 규범은 번역의 완전성에 대한 기준을 바탕으로 하는 윤리적 측면의 규범이다. 번역사는 번역 과정에서 책무 규범에 따라 역할을 다하고 결과에 책임을 지게 된다. 의사소통 규범은 원저자와 독자 등 번역 과정에 관련된 당사자들 간에 의사소통을 최적화하는 사회적 측면의 문제이다. 마지막으로 관계 규범은 출발 텍스트와 도착 텍스트 사이의 관련성을 다루는 언어적 측면의 규범이다. 여기서 Chesterman은 좁은 의미의 등가적 관계 개념을 거부하고 '텍스트 유형, 번역 발주자의 요구사항, 원저자의 의도, 예상 독자들의 기대'에 따라 번역사가 적절한 관계를 선택하는 상황을 제시하였다.

직업인 규범 혹은 번역 과정 규범 중에서 책무 규범의 위치는 다소 모호하다. Hermans(1999, p.78)도 번역사가 번역 발주자(commissioner)나 독자, 혹은 번역사 자신에게까지 책임을 진다는 내용의 책무 규범이 혼란을 야기한다고 지적한 바 있다. 번역사의 책임이라는 측면이 강조된다면 책무 규범은 번역 과정 규범보다는 번역 결과물 규범에 더 가깝게 여겨지기도 한다. 책임의 대상이 번역 결과물이라는 측면에서 그렇다. 하지만 규범의 주체를 분류의 중요한 기준으로 삼은 Chesterman은 책무 규범을 번역 과정 규범에 포함시키고 있다.

책무 규범이 번역 과정의 다른 두 규범, 즉 의사소통 규범 및 관계 규범과 대단히 밀접한 관계를 맺을 수밖에 없다는 점도 문제로 제기된다. 번역의 완전성(integrity)와 완벽함(thoroughness)이라는 책무 규범 기준의 충족 여부는 결국 의사소통 규범이나 관계 규범을 통해서만 판단 가능하리라 여겨지기 때문이다.

하지만 책무 규범은 번역사와 여타 번역 참여자들의 관계를 다룸으로써 번역의 사회 문화적 측면을 분명히 부각시킨다는 의미를 갖는다. 그리고 특히 독자라는 참여자가 가진 출판 번역 규범을 규명하고자 하는 본 연구에서 그 가치가 크다.

Toury와 Chesterman의 번역 규범 모델을 비교하면 우선 하위 규범을 제시하는 기본틀에서 차이가 나타난다. Toury는 번역 과정의 단계를 기준으로 삼은 반면 Chesterman은 규범 인식의 주체(독자 혹은 번역사)와 규범 적용 대상(번역 결과물 혹은 번역 과정)을 기본틀로 삼았다.

또한 규범 인식의 주체라는 측면에서 보면 Toury의 경우 예비 단계 규범의 주체인 출판인이, Chesterman의 경우 기대 규범의 주체인 독자가 각각 번역사와 함께 포함되어 있다. 번역은 더 이상 번역사의 머리속에서 일어나는 과정에 그치지 않는 사회문화적 활동이라는 시각이 분명히 드러나는 것이다. 이들 모델에서 출판인이나 독자는 번역 활동에 능동적으로 참여하는 존재로 새로이 자리매김된다. 이는 본 연구가 2장에서 제시했던 출판 번역의 과정 개념에 잘 부합한다.

한편 Hermans(1999)는 Toury의 경우 번역될 텍스트나 번역사 선택 등 실제 번역 단계 이전부터 번역 규범이 작용한다는 점을 보여 주었다는 점에서, Chesterman의 경우 윤리적, 사회적, 언어적 측면을 포괄한 번역 규범을 제시했다는 점에서 모두 의미 있는 모델로 평가한다.

3. 출판 번역 규범 관련 연구

출판 번역의 번역 규범에 대한 기술적 접근으로 분류 가능한 기존 연구들은 문학 번역을 대상으로 삼아 번역사의 번역 과정을 다루고 있다. 앞서 본 연구의 번역 규범을 번역 결과물에 대한 평가 규범으로 구체화하였지만 이에 대한 선행 연구가 미비한 상황이므로 번역사의 번역 과정을 다룬 이들 연구에서 시사점을 얻기로 한다.

출판 번역 규범 관련 연구에서 바탕을 이루는 개념은 Venuti(1995, 1998)가 제시한 현지화(現地化, domestication) 및 타지화(他地化, foreignization)이다. 일부 연구들은 이 개념을 명시적으로 사용하기도 한다.

현지화란 이국적이거나 낯선 요인이 독자의 이해에 장애가 된다고 여겨질 때 개입하여 그 요인을 최소화하는 전략이고 타지화는 도착어 독자들에게는 낯설지만 출발어 문화권에서 일반적으로 존재하는 고유한 요소를 유지하려는 번역 전략을 말한다(Venuti, 1995, p.20). 이 개념은 문학 번역을 대상으로 하는 문화 전환적 관점의 번역 연구에서 제기된 것으로 문학 번역이 출판을 전제로 하고 있다는 점을 감안하면 본 연구의 출판 번역에도 적용 가능하다고 판단된다.

이 두 가지 전략은 오래 전부터 번역학계의 논쟁거리였던 직역(literal translation)과 의역(free translation) 문제와 연결된다. 타지화는 원문의 보존을 더욱 중시하는 직역과, 현지화는 도착어의 특성을 강조하는 의역과 연결되는 것이다. 하지만 현지화와 타지화는 이미 문화 전환으로서의 번역 개념을 담고 있다는 점에서 언어적 차원에 초점을 맞춘 직역과 의역 문제와는 다르다. 현지화나 타지화 수준을 결정하는 것은 어디까지나 도착 문화권의 요구이기 때문이다.

1940년대 이후 미국의 상황을 기술하면서 Venuti는 '유창함을 강조하는 현지화'가 번역 전략의 대세를 이루었다고 지적한다(1998, p.312).19)

---

19) 현지화를 위한 번역 전략으로 Venuti는 유창성(fluency)와 투명성(transparency)을 든다(1995, pp.43-98). 이들은 각각 술술 자연스럽게 읽히고 번역처럼 보이지 않으며 원저자의 의도 혹은 텍스트의 핵심 의미가 투명하게 내보이도록 하는 전략이다. 이를 위해 동원되는 방법으로는 선형적으로 잘 연결된 구문, 모호성을 최소화하는 의미 전달, 일반적으로 통용되는 표현, 언어적 일관성, 의사소통의 리듬 등이 있다. 현지화 번역 전략을 구사하는 번역사는 도착어에서 일반적이지 않은 구문이나 다중적 의미를 가질 수 있는 표현, 의고체(擬古體, archaism), 은어 등을 배제한다. 특정 음의 반복이나 규칙화를 통한 음성적 효과도 살리고자 노력하지 않는다. 한 마

56

이는 2차 세계대전 이후 미국이 문화적으로 지배권을 쥐게 된 역사적
상황을 바탕으로 한다. 미국의 출판업자들은 외국 서적을 들여와 번역
해 출판하는 것보다는 영어로 된 자국 서적을 해외로 내다 파는데 훨
씬 더 많은 노력을 기울였고 그 결과 출판 시장에서 번역서의 비중은
극히 미미하게 되었다.

이러한 역사적 전통으로 인해 번역은 2차적이고 파생적인 작업으로
인식되어 충분한 가치를 인정받지 못하게 되었다(Venuti, 1992, p.2).
미국의 문어 체계 속에서 번역은 극도로 주변적이고 취약한 위치를 차
지할 수밖에 없었고 그저 매끄럽게 읽히는 번역본에 최고의 가치를 부
여하는 번역 관행이 자리 잡았다. 이 와중에 번역사들은 '보이지 않는
(invisible)' 존재로 전락했다. 어떠한 스타일이나 언어적 특징도 가지지
못한 번역문을 생산하는 과정에서 번역사라는 존재는 뒤로 숨어버리고
말기 때문이다(Venuti, 1995, p.1). 게다가 출판 번역에 막강한 영향력
을 행사하는 출판인, 더 나아가 후원인 집단은 원문 텍스트 이해 능력
을 가지지 못한 경우가 많기 때문에 현지화를 선호할 수밖에 없다. 출
판인들을 대상으로 한 Munday(1997, p.170; Munday, 2001, p.154에서
재인용)의 설문 조사 결과도 이와 일치한다.

그런데 Venuti는 이상과 같은 상황의 기술에 그치지 않고 번역사의
'비가시성(invisibility)'에 적극 반대하며 번역사들에게 적극적으로 타지
화 전략을 선택할 것을 권고하고 있다(1995, pp.307-313).[20] 현지화 전
략은 번역사의 적극적인 다시 쓰기 활동을 방해하고 번역 행위를 파괴

디로 말해 언어 표현을 도구로 하는 텍스트 효과는 그 어떤 것도 번역 과
정에서 살아남지 못한다.
20) Venuti는 자신의 번역을 타지화의 실례로 제시하기도 한다(1995, p.147).
미국에 잘 알려져 있지 않은 19세기의 이탈리아 작가 Tarchetti를 선택하
여 토스카나 방언으로 쓰여진 실험적이고 비판적인 작품을 번역한 것이다.
번역 과정에서 그가 사용한 전략은 미국의 속어적 표현 등 낯선 요소들을
주도면밀하게 텍스트에 끼워 넣는 것이었다.

하여 결국 번역사가 문화적 변방에서 경제적으로 착취당하도록 만들기 때문이다(1992, pp.4-5).

Venuti의 연구는 번역학에서 오랫동안 간과되었던 문제, 즉 문화적 우월주의나 번역사의 지위 같은 것을 중심적인 논쟁 영역에 끌어들였다는 점에서 그 가치를 인정받는다(Hatim, 2001, p.47). Bassnett(1998) 같은 경우에는 여기서 한 걸음 더 나아가 1980년대의 '문화'를 잇는 1990년대 번역학의 화두로 가시성(visibility)을 꼽을 정도이다.

반면 Venuti의 현지화 개념에 문제를 제기하는 학자들도 있다. Kwieciński(1998)은 현지화를 일종의 문화적 식민주의로 파악한 Venuti와 달리 지배 문화권에서 피지배 문화권으로 전달되는 텍스트의 경우 현지화 번역이 '저항의 수단, 문화 종속을 막기 위한 전략적 개입'이 된다고 주장한다. Harker(1999)는 현지화와 타지화 판단의 근거가 되는 Venuti의 지배적 문화 가치(dominant cultural values) 개념이 단선적이라고 비판하였다. 그리고 모든 번역에는 현지화와 타지화의 측면이 동시에 존재한다고 지적하였다.

하지만 현지화와 타지화 개념은 출판 번역의 번역 규범을 기술했던 기존 연구들을 통합하기 위한 유용한 도구가 된다. 이들 개념을 명시적으로 사용한 Mazi-Leskovar(2003)나 Davies(2003) 뿐 아니라 Kuhiwczak(1990), Linder(2001), 신수송 외(2002), Inggs(2003), Wyler(2003) 또한 현지화와 타지화의 개념틀로 분석 결과를 요약할 수 있다.

Kuhiwczak(1990)은 원문에 비해 도착문의 매끄러움을 중시하는 경향, 즉 현지화를 극단적으로 보여주는 사례로 밀란 쿤데라의 작품이 영어로 번역되는 과정에서 번역자와 편집자가 원저자와의 상의도 없이 의도적으로 뒤틀려 있는 작품의 시간 순서를 바로잡아 번역함으로써 결국 원저자의 항의를 받은 사건을 든다.

레이먼드 챈들러의 영어 소설 '빅 슬립(The Big Sleep)'의 스페인어 번역본들을 분석하며 등장인물의 성격을 드러내기 위해 의도적으로 반복된 단어 cute와 giggle이 스페인어 번역본에서 일관되게 전환되지 못했음을 지적한 Linder(2001) 또한 마찬가지로 번역의 현지화 경향을 분석하고 있다. Linder는 번역 도서에서 이들 단어의 의도적 반복이 제대로 전달되지 못한 이유가 도착어인 스페인어의 텍스트 응집성 확보에 있다고 해석한다.

신수송 외(2002) 역시 번역의 현지화 사례를 지적한다. 괴테의 '파우스트', 카프카의 '변신' 그리고 토마스 만의 '베니스에서의 죽음' 한국어 번역본들을 원본과 비교 분석한 이 연구는 각각의 경우에서 시(詩)의 리듬과 운율 및 구조, 제스처 언어, 동성애적 함의가 충분히 전달되지 못했음을 지적하면서 이는 출발 문화권의 이질적 요소가 수용되기보다는 거부되는 것이라 해석하고 있다.

'해리 포터 시리즈'의 브라질 포르투갈어 번역 과정과 방법론이 기술된 Wyler(2003)에서는 현지화 사례가 보다 구체적으로 나타난다. Wyler는 지명이나 브랜드 명을 제외하고는 인명, 기숙사 명, 퀴디치 게임 용어, 학교의 학기 제도 등 거의 모든 고유명사를 도착어 독자들이 이해 가능하게끔 바꾸었다고 진술한다.21) 노랫말, 편지글, 기사, 공식 연설 등 소설 중에 등장하는 다양한 어역(register)도 '도착어의 자연스러움'을 극대화시키는 방향으로 번역되었다.

한편, 조앤 롤링의 '해리 포터 시리즈'를 대상으로 삼아 불어와 독어, 그리고 러시아어로의 번역을 분석한 Davies(2003)와 Inggs(2003)는 번역의 현지화 혹은 타지화 수준이 텍스트 전체에 걸쳐 일관되지 못하다는 공통된 결론을 내리고 있다. 이들이 현지화와 타지화의 지표로 삼은 것은 문화 특수적 어휘의 번역으로 여기에는 인명, 지명, 음식 이름, 화폐 단위, 풍속 등이 망라된다. Davies(2003)는 문화 특수적 어휘의 미시 번역 과정으로 이질적 요소 유지(preservation), 보충 설명

---

21) 이와 대조적으로 해리 포터 시리즈의 한국어판 번역(문학수첩, 1999~2004)은 출발 텍스트의 모든 고유명사를 영어 원문 그대로 번역하였다.

(addition), 생략(omission), 일반화(globalization), 특수화(localization), 전환(transformation), 창조(creation)를 나누어 체계화를 시도한 점이 눈에 뜨인다. 하지만 그 자신이 지적한 대로 이 과정들 사이의 상호 배타성은 충분히 확보되지 못하고 있다.

Mazi-Leskovar(2003)도 현지화와 타지화라는 두 측면을 함께 분석한다. 그리고 '톰 아저씨의 오두막(Uncle Tom's cabin)'을 슬로베니아어 번역한 두 가지 경우를 비교한 후 현지화와 타지화가 적절한 균형 상태를 이룬다는 결론을 내린다. 텍스트 선택에 있어서는 타지화 경향이 두드러지지만 제목이나 인명의 번역, 출발 텍스트의 역사문화적 배경에 대한 머리말의 보충 설명 등에서는 현지화 시도가 두드러진다는 것이다.

이상의 기존 연구를 살펴보면 현지화와 타지화 개념이 사회문화적인 함의를 지닌 단어, 원저자의 의도를 담은 텍스트 구성이나 표현, 어역, 텍스트 선택 등 대단히 광범위한 영역에 걸쳐 적용되고 있다. 이는 Venuti(1995, 1998) 자신이 현지화나 타지화의 기준을 '이국적이거나 낯선 요인'에 대한 처리로 모호하게 설정한 것과 무관하지 않다. 하지만 보다 체계적인 추후 연구를 위해서는 영역 구분이 필요할 것으로 판단된다.

앞서 소개한 번역 규범 모델은 그 구체화를 위한 도구가 될 수 있다. 여러 하위 규범으로 이루어진 번역 모델이 현지화와 타지화라는 단일 대립 개념을 보완하여 체계적인 고찰을 가능케 하는 것이다. 또한 '모든 번역에 현지화와 타지화의 측면이 동시에 존재한다'는 Harker(1999)의 지적을 고려한다면 번역 규범 모델은 현지화 對 타지화라는 이분법적 사고를 극복할 수 있는 가능성도 제공한다.

번역 규범 모델을 바탕으로 앞서 언급했던 선행 연구들을 살펴보면 Mazi-Leskovar(2003)가 언급한 텍스트 선택의 문제는 Toury의 예비단계 규범에, Wyler(2003)의 번역 방법론은 Toury의 텍스트 언어 규범 및 Chesterman의 의사소통 규범에, Kuhiwczak(1990), Linder(2001), 신수송 외(2002)의 원저자 의도 혹은 원문 형태 및 내용 유지 문제는 Toury의 형태 규범 및 Chesterman의 관계 규범에 각각 해당한다. 번역의 현지화와 타지화 수준이 텍스트 전체에 걸쳐 일관되지 못하다는 Davies(2003)와 Inggs(2003)의 경우에도 현지화 혹은 타지화의 구체적인 경우를 규범별로 분류, 분석함으로써 보다 체계화된 기술이 가능할 것이다.

그런데 실제 분석을 위해서는 Toury와 Chesterman의 번역 모델을 통합해 단일한 분석틀을 만들 필요가 있다. 위 문단에서 나타나듯이 Toury의 텍스트 언어 규범 및 Chesterman의 의사소통 규범, Toury의 형태 규범 및 Chesterman의 관계 규범은 내용이 중복되는 만큼 통합하여 사용하는 편이 분석의 효율성을 제고할 수 있을 것이다. 본 연구의 번역 규범 분석틀은 4장에서 소개하겠다.

Ⅳ. 연구 방법 소개

이 장에서는 본 연구의 연구 문제와 분석 대상 자료, 그리고 분석 방법에 대해 설명하겠다.

1. 연구 문제

한국 출판 번역 독자들의 번역 비평에서 나타나는 번역 평가 규범을 체계적으로 기술하고자 하는 본 연구의 연구 문제는 다음 세 가지이다.

1) 한국 출판 번역 독자들의 번역 비평에서 중시되는 번역 평가 규범은 무엇인가?
2) 번역 비평을 바탕으로 할 때 한국 출판 번역 독자들의 번역 평가 규범을 구성하는 요소는 무엇인가?
3) 한국 출판 번역 독자들의 번역 비평에 대해 편집인과 번역사는 어떤 반응을 보이는가? 그 상호작용은 번역 평가 규범의 차이를 드러내는가?

연구 문제 1)은 한국 출판 번역 독자들의 번역 비평에서 드러나는 번역 평가 규범이 무엇인지 전반적인 모습을 제시하고 그중 특히 중시되는 규범이 있는지, 있다면 무엇인지 밝히는 것이다. 이를 통해 한국 출판 번역 독자들의 번역 평가 규범이 전체적인 윤곽을 드러낼 것이다.

연구 문제 2)는 연구 문제 1)에서 드러난 한국 출판 번역의 번역 평가 규범을 더욱 구체화하는 차원에서 번역 규범의 구성 요소를 밝히는 것이다. 번역 규범의 구성 요소는 해당 번역의 사회문화적 배경에 따라 달라질 것이기 때문에 연구 문제 2)에서 얻는 번역 규범 구성 요소는 오늘날 한국의 출판 번역으로 그 대상 범위가 국한된다.

연구 문제 3)은 연구 문제 1)과 2)에서 밝혀진 출판 번역 독자들의 번역 평가 규범에 대해 편집인과 번역사가 어떻게 반응하는지 살피고 이들 출판 번역 참여자들 사이의 상호 작용에서 번역 평가 규범이 차이를 보이는지 분석하는 것이다. 3장에서 언급했듯이 규범은 항상 타협의 대상이 되며 번역 평가 규범도 여기서 예외가 아니다. 따라서 번역 평가 규범을 기술하는 연구에서 상호작용의 측면은 반드시 포함되어야 할 것으로 판단된다. 이를 위해 본 연구에서는 번역 비평과 번역 비평이 드러내는 번역 평가 규범에 대한 편집인과 번역사의 반응을 살피고 분석하고자 한다.

2. 분석 대상 자료

1) 출판 번역 평가 규범과 번역 비평

본 연구에서 한국 출판 번역의 번역 평가 규범을 규명하기 위해 분석 자료로 삼은 것은 독자들의 번역 비평이다.

규범이란 본래 직접적인 관찰이 불가능한 대상(Hermans, 1999, p.85)이기 때문에 연구가 쉽지 않다. 번역 규범 분석을 위해 사용할 수 있는 자료로 가장 먼저 들 수 있는 것이 번역 텍스트이다. 출발 텍스트와 도착 텍스트, 혹은 다양한 도착 텍스트를 분석하여 번역 규범을 추출하는 것이다. 2장 3절에서 살펴본 출판 번역 관련 연구들 또한 대부분 출발 텍스트와 도착 텍스트, 혹은 동일 출발 텍스트에 대한 다수의 도착 텍스트들을 비교함으로써 번역 규범을 기술하고 있었다. 박여성 (2002)은 번역 텍스트 비교의 다양한 방식을 번역사 기준(동일 번역사의 여러 번역 텍스트 비교, 서로 다른 번역사들의 번역 텍스트 비교), 시간 기준(동시대의 번역 텍스트 비교, 상이한 시대의 번역 텍스트 비교), 언어 기준(동일 도착 언어 텍스트 비교, 상이한 도착 언어 텍스트 비교)으로 분류한 바 있는데 기존 연구에서는 그 모든 방식이 다 망라된다.

하지만 번역 규범은 텍스트 외에도 번역사, 출판인, 비평가 등 다양한 참여자들의 진술, 이상화된 번역 모델, 심각한 문제를 안고 번역과 비(非) 번역의 경계에 선 사례들, 번역사에게 주어진 선택 가능성의 종류와 범위, 낯선 외래 요소에 대한 번역사의 처리 방법, 번역 지침 등을 통해서도 파악될 수 있다(Toury, 1995, p.65; Hermans, 1999, pp.86-90). 이 중에서 번역 비평은 다양한 번역 참여자의 진술에 포함된다.

본 연구는 이러한 기존 연구의 주장에 따라 출판 번역 독자들의 번역 비평을 통해 오늘날 한국 출판 번역의 번역 평가 규범을 기술하고자 한다. 여기서 번역 비평이란 '번역 도서의 번역에 대한 독자들의 문어(文語)적 진술'을 통칭하는 개념이다.

분석 자료로서의 번역 비평에는 명백한 한계도 존재한다. 우선 번역 비평은 비평자의 주관적 진술에 의존하는 것이기 때문에 분석 결과의 객관화가 어렵다. 또한 번역 비평의 내용이 모호하고 추상적일 수도 있다. Toury(1995, p.65)도 번역에 대한 진술이 유용하기는 해도 불완전하고 편향된 자료일 가능성이 있다고 지적한 바 있다.

하지만 출판 번역 평가 규범이라는 본 연구의 연구 대상에 있어 번역 비평은 다른 무엇보다도 타당성이 큰 자료가 된다. 번역 비평은 번역 도서를 읽은 독자들이 그 도서의 번역에 대해 진술한 것이다. 이는 특정 도서의 특정 번역에 대한 구체적인 진술이라는 가치를 가진다.

또한 이러한 진술은 다른 방법으로는 얻어질 수 없는 자료이다. 다수의 독자들이 동일한 혹은 서로 다른 번역 도서 한 권씩을 읽은 후 그 번역에 대해 진술하도록 하는 실험이나 설문 조사는 현실적으로 실현 가능성이 낮다. 또한 일반인을 대상으로 번역 규범 설문 조사를 실시한다 해도 극히 피상적이고 모호한 결과를 얻는 데 그치기 쉽다. 번역 규범을 반영하는 진술은 특정 번역에 대해 판단을 내리고 있는 그 순간에만 가능할 것이기 때문이다.

본 연구는 다수의 도서에 대한 다수 독자들의 번역 비평에서 공통점을 뽑아냄으로써 이들이 번역 결과물에 대해 공유하는 사고방식, 즉 번역 평가 규범을 밝힐 수 있다고 판단하였다.

그런데 모든 독자들이 번역을 비평하지는 않는다. 결국 본 연구의 분석 대상인 번역 비평은 출판 번역에 대해 보다 적극적으로 반응하는 독자들의 진술에 국한되는 셈이다. 박명욱(2001, 4월) 또한 오늘날의 번역에 대한 문제 제기 현상을 살펴보았을 때 '전문성을 갖춘 독자가 먼저 도발하고 다른 일반 독자들이 지지하고 나서는 형국'이라고 설명하고 있다.

따라서 본 연구에서는 '비평가 독자'라는 범주를 설정하겠다. 비평가 독자란 적극적인 번역 비평의 주체를 말하며 여기에는 일반 독자와 전문 지식을 가진 독자가 모두 포함된다. 결국 본 연구는 비평가 독자들의 번역 비평을 통해 출판 번역의 번역 규범 구체화를 시도하는 것이다. 그 결과의 일반화는 후속 연구를 통해 가능하리라 기대한다.

비평가 독자들의 번역 비평을 바탕으로 한 번역 평가 규범 규명은 다음과 같은 의의를 가진다.

첫째, 서론에서 밝혔듯 2000년 이후부터 부쩍 늘어난 번역 비평을 체계적으로 수용할 바탕을 마련할 수 있다. 번역학이 실제 번역 현상에 대한 관심을 바탕으로 하는 학문임을 감안한다면 오늘날 번역을 둘러싸고 나타나는 현상은 당연히 학문적 관심 영역에 포괄되어야 할 것이다.

둘째, 번역 비평을 통한 번역 평가 규범 규명은 이제까지 '텍스트'를 주된 분석 대상으로 삼아온 번역 규범의 연구 방향을 다원화할 것이다. 사회 문화적인 관점에서 바라보는 번역과 번역 규범은 더 이상 번역사라는 단일 차원에 국한되지 않는다. 번역 비평은 여타 참여자들, 특히 그중에서도 독자를 주체로 한다. 번역자의 구체적인 전략 결정이 번역자 자신의 특성을 넘어 번역자가 속한 문화적 지평에서 설명되는 것처럼(신수송 외, 2002) 독자들의 번역 비평 또한 개인의 특성을 넘어 그가 속한 사회 문화 집단의 규범을 반영하는 것이라 보아야 한다. 번역 규범, 그리고 더 나아가 번역 연구는 번역 과정의 다양한 참여자들을 고려함으로써 현상 이해의 폭과 깊이를 한층 제고할 수 있다.

2) 자료수집 방법

본 연구의 분석 자료인 비평가 독자들의 번역 비평은 일간지 및 월간지 기사, 인터넷 서점 및 출판사의 인터넷 홈페이지를 통해 수집하였다. 수집 방법은 다음과 같다.

* 네이버(www.naver.com), 엠파스(www.empas.com) 등 인터넷의 여러 검색 엔진에 '번역', '오역', '잘 된 번역', '번역 비평' 등의 검색어를 넣어 번역 비평을 수집하였다. 일간지의 번역 비평, 교수신문의 번역 비평, 서울대 서양고전학 홈페이지의 서평은 이런 방법으로 수집하였다. 개인 홈페이지나 블로그 등에 있는 공개되지 않은 비평은 수집 대상에서 제외하였다.
* 인터넷 서점 '알라딘'(www.aladdin.co.kr)과 '예스24'(www.yes24.com)에서 독자서평과 독자리뷰를 검색하여 번역비평을 수집하였다.
이 두 곳이 선택된 이유는 책에 대한 독자들의 의견이 활발하게 개

진된다는 점, 또한 독자 서평에 대한 검색 기능을 갖추고 있다는 점이었다.

    * '황금가지'(www.goldenbough.co.kr), '열린책들'(www.openbooks.co.kr), '김영사'(www.gimmyoung.com), '북하우스'(www.bookhouse.co.kr), '시공사'(www.sigongsa.com)의 다섯 개 출판사 인터넷 홈페이지에서 운영되는 독자 게시판을 검색하여 번역비평을 수집하였다.

    한국의 출판사 수는 2003년 말을 기준으로 모두 2만 782개이다.(하지만 1만 9258사가 1년 이상 신간을 한 권도 내지 못했다고 하니(김성희, 2005, 2월 24일) 본격적으로 운영되는 곳은 수백 곳 남짓이라 보아야 할 것이다. 이 중 홈페이지를 운용하는 것으로 확인된 출판사는 157개이다. 하지만 그중 독자 게시판을 운용하는 곳은 절반 정도였고 독자들의 게시판 참여가 활발한 곳은 더욱 적었다. 본 연구에서 선정된 다섯 개 출판사는 모두 번역서를 많이 출간하면서 홈페이지의 독자 게시판이 활발히 운용되는 곳이었다.

    번역 문제가 공론화된 도서 '다빈치 코드'의 경우 별도의 홈페이지가 마련되어 있어(www.davincicode.co.kr) 이 홈페이지의 북 리뷰를 검색하여 번역 비평을 수집하였다.

    수집된 번역비평 자료 중에서 '번역이 너무 엉망이다', '번역이 너무 엉성하다', '번역 상태가 정말이지 형편없다' 등 구체적인 내용이 없이 모호한 지적으로 일관하는 경우는 번역 규범을 드러내지 못한다고 판단되어 제외하였다.

    그리고 세부 연구질문 3)에 해당하는 편집인 및 번역사의 응답 분석을 위해 편집인과 번역사의 응답이 제시된 경우 함께 수집하였다.

3) 수집된 자료의 특성

수집된 번역 비평은 총 90여 건이었다. 이 중에서 동일 번역 도서에 대한 익명 독자들의 상대적으로 짧은 비평들은 한 건으로 모으고 영미 문학 작품 7편의 한국어 번역을 다룬 영미문학연구회 번역평가사업단 의 자료도 한 건으로 모으는 처리 과정을 거쳐 번역 비평을 총 56건으로 정리하였다. 분석에 사용된 번역 비평 56건의 번역 비평가, 비평 출처, 비평 대상 도서는 표 4-1에 소개하였다.

56건의 번역 비평에 대해 간략히 설명하면 다음과 같다.

번역 비평 1~4는 일간지에 실린 기사이다. 1과 2는 각각 한 권씩의 번역서를 다루면서 번역에 관련된 내용을 포함하였고 3과 4는 번역서 두 권씩을 대상으로 번역 문제를 집중 보도하고 있다.22) 번역 비평 5 는 주간지 '교수신문'에 실린 서평으로 전적으로 번역 문제를 다루고 있다.

---

22) 번역 비평 2, 3, 4는 일간지의 북 리뷰 코너에 실린 기사이다. 도서 내용에 대한 단순한 소개에 그쳤던 일간지의 도서 소개가 비판적인 시선으로 돌아선 것은 커다란 의미를 가지는 변화로 평가된다(조은영, 2003, 4월). 더욱이 새로운 북 리뷰에서 가장 먼저 주목을 받은 것이 번역 문제였다는 사실은 출판 번역 연구의 필요성을 다시 시사한다.

표 4-1 분석 대상 번역 비평 목록

번호	번역 비평가 저 자	비평 출처 비평대상도서	역 자 출판사	출발언어 출판연도
1	노성두 (미술사학자)	국민일보 기사(2004. 8월 6일) '억지추측' 원전에 '두루뭉술' 번역까지. 재미와 진실, 함께 할 수 없었나	양선아	영어
	댄 브라운	다빈치 코드	베텔스만	2004
2	박상주(기자)	문화일보 기사(2003. 8월 22일) 〈오늘의 북리뷰〉 인간을 움직이는 기본 원소는 권력	안정효	영어
	버트런드 러셀	권력	열린책들	2003
3	조현욱(기자)	중앙일보 기사(2003. 2월 21일) 〈죽비소리〉 오역투성이 교양과학책 당장 리콜해야	김윤택, 한상희/윤지혜	영어 영어
	매트 리들리 앨리슨 졸리	붉은 여왕 루시의 루산	김영사 한나	2002 2003
4	오미환(기자)	한국일보 기사(2003. 3월 1일) 〈책갈피〉 부실번역 유감	정성현 조승연	불어 불어
	르 코르뷔지에 장 프랑수아 르벨	도시계획 미국은 영원한 강자인가	일송 문학과 지성사	2003 2002
5	조광제 (철학 박사)	교수신문(2003. 3월 10일) 논쟁서평: 메를로 퐁티의 '지각현상학'에 대한 유감	류의근	불어
	메를로 퐁티	지각의 현상학	문학과 지성사	2002
6	영미문학연구회 번역평가사업단	한국일보 연재 기사(2004. 2월~4월) 번역, 이것이 문제다(1~8)	다수 번역자	영어
	토머스 하디, 제임스 조이스, 셰익스피어, 샐린저, 내서니얼 호손, 마크 트웨인, 스콧 피츠제럴드	테스, 젊은 예술가의 초상, 햄릿, 호밀밭의 파수꾼, 주홍글자, 허클베리핀의 모험, 위대한 개츠비	다수 출판사	1945-2003년 7월까지 출판된 번역본 573종
7	김대진 (서양 고전문학박사)	서울대 서양고전학 홈페이지 서평	이윤기	라틴어/영어
	오비디우스/ 이니스	변신 이야기	민음사	1998

IV. 연구 방법 소개 69

번호	번역 비평가 저 자	비평 출처 비평대상도서	역 자 출판사	출발언어 출판연도
8	김대진 (서양 고전문학박사)	서울대 서양고전학 홈페이지 서평	이윤기	영어
	조셉 캠벨	세계의 영웅 신화	대원사	1989
9	김대진 (서양 고전문학박사)	서울대 서양고전학 홈페이지 서평	김숙	영어
	토머스 카펜터	고대 그리스의 미술과 신화	시공사	1998
10	이재호 (영문학 교수)	한국번역학회 발표 논문	이윤기	라틴어/ 영어
	오비디우스/ 이니스	중학교 교과서 수록 텍스트 '길 잃은 태양마차'(변신 이야기)	국정도서편찬 위원회	
11	진태원 (철학전공자)	인터넷 서점 알라딘 독자서평 인터넷 서점 예스24 독자서평 교수신문(2004. 2월 26일)	이경신	불어
	자크 데리다	불량배들―이성에 관한 두 편의 에세이	휴머니스트	2003
12	익명 독자	인터넷 서점 알라딘 독자서평	김한영, 문미선, 신효식	영어
	스티븐 핀커	언어본능	그린비	2003
13	익명 독자	인터넷 서점 알라딘 독자서평	이대기호학연 구소 정현	불어
	롤랑 바르트	현대의 신화 신화론	동문선 현대미학사	1997 1995
14	익명 독자	인터넷 서점 알라딘 독자서평	신방훈	불어
	자크 데리다	자크 데리다 시선의 권리	아트북스	2004
15	익명 독자	인터넷 서점 예스24 독자서평	박여성	영어
	더글러스 호프스태터	괴델, 에셔, 바흐: 영원한 황금 노끈	까치	1999
16	익명 독자들	인터넷 서점 예스24 독자서평	23)	일본어
	미네쿠라 카즈야	와일드 어댑터	학산문화사	2004
17	익명 독자들	인터넷 서점 예스24 독자서평	최인자	영어
	조앤 롤링	해리포터와 불사조 기사단	문학수첩	2003

23) 만화 '와일드 어댑터'의 역자가 누구인지는 인터넷 서점의 책 소개에서 나

번호	번역 비평가 저자	비평 출처 비평대상도서	역자 출판사	출발언어 출판연도
18	익명 독자	인터넷 서점 예스24 독자서평	이세욱	이태리어/ 영어
	움베르토 에코	세상의 바보들에게 웃으면서 화내는 방법	열린책들	1999
19	익명 독자	인터넷 서점 예스24 독자서평	김보현	불어
	자크 데리다	해체	문예출판사	1996
20	익명 독자	인터넷 서점 예스24 독자서평	유왕무	스페인어
	에두아르도 갈레아노	축구, 그 빛과 그림자	예림기획	2002
21	익명 독자들	열린책들 출판사 홈페이지	이대우	러시아어
	도스토예프스키	카라마조프 씨네 형제들	열린책들	2000
22	익명 독자	열린책들 출판사 홈페이지	이상룡	러시아어
	도스토예프스키	미성년	열린책들	2000
23	익명 독자	열린책들 출판사 홈페이지	홍대화	러시아어
	도스토예프스키	죄와 벌	열린책들	2000
24	익명 독자	열린책들 출판사 홈페이지	정창	스페인어
	루이스 세풀베다	감상적 킬러의 고백	열린책들	2001
25	익명 독자	열린책들 출판사 홈페이지	황보석	영어
	폴 오스터	환상의 책	열린책들	2003
26	익명 독자들	열린책들 출판사 홈페이지	이윤기	이태리어/ 영어
	움베르토 에코	장미의 이름	열린책들	2000
27	익명 독자들	김영사 출판사 홈페이지	이상헌	영어
	칼 세이건	악령이 출몰하는 세상	김영사	2001
28	익명 독자	김영사 출판사 홈페이지	김용 소설번역연구회	중국어
	김용	사조영웅전	김영사	2003
29	익명 독자	김영사 출판사 홈페이지	강현주	영어
	셰익스피어	새콤달콤 셰익스피어 이야기	김영사	2000

타나지 않았다. 실제로 확인해본 결과 대부분의 일본 만화는 역자를 표시하지 않거나 마지막 쪽에 발행인과 함께 이름만 넣는 것이 고작이었다. 이는 역자 이름을 표지에 넣고 안쪽 면에 약력을 소개하는 한국 출판번역의 전반적 관행과는 확연히 다른 것으로 일본 만화 역자들의 상대적으로 낮은 지위를 보여주는 것으로 판단된다.

번호	번역 비평가 저 자	비평 출처 비평대상도서	역 자 출판사	출발언어 출판연도
30	익명 독자	김영사 출판사 홈페이지	석은영, 정성희	영어
	에릭 시걸	닥터스	김영사	1990
31	익명 독자	김영사 출판사 홈페이지	이희재	영어
	새뮤얼 헌팅턴	문명의 충돌	김영사	1997
32	익명 독자	김영사 출판사 홈페이지	김한영	영어
	스티븐 존슨	이머전스- 미래와 진화의 열쇠	김영사	2004
33	익명 독자	김영사 출판사 홈페이지	이무열	영어
	짐 콜린스	좋은 기업을 넘어 위대한 기업으로	김영사	2002
34	익명 독자	시공사 출판사 홈페이지	안정미	영어
	넬리 드레이	영원한 일본(시공디스커버리 총서)	시공사	2000
35	익명 독자	시공사 출판사 홈페이지	이수현	영어
	테리 프래쳇, 닐 게이먼	멋진 징조들	시공사	2003
36	익명 독자	시공사 출판사 홈페이지	이지선	영어
	바버라 햄블리	밤을 사냥하는 자들	시공사	2003
37	익명 독자들 코리아헤럴드 부설어학원 학생들 김성희(기자)	다빈치 코드 홈페이지 다음 미디어 기사 중앙일보(2005. 3월 6일)	양선아	영어
	댄 브라운	다빈치 코드	베텔스만	2004
38	익명 독자	북하우스 출판사 홈페이지	박현주	영어
	레이먼드 챈들러	안녕 내사랑/에비터젠의 유령	북하우스	2004
39	익명 독자	북하우스 출판사 홈페이지	박현주	영어
	레이먼드 챈들러	하이 윈도	북하우스	2004
40	익명 독자	북하우스 출판사 홈페이지	채인석, 김훈, 송은경, 손성경	영어
	엘리스 피터스	캐드펠 시리즈	북하우스	1997-2002
41	익명 독자	북하우스 출판사 홈페이지	홍희정, 봉명화, 장유미, 김은정, 이수현	영어
	체스터튼	브라운 신부 전집	북하우스	2002
42	익명 독자	북하우스 출판사 홈페이지	곽영미, 박현주, 봉명화	영어
	코난 도일	셜록 홈즈 걸작선	북하우스	2002

번호	번역 비평가	비평 출처	역 자	출발언어
	저 자	비평대상도서	출판사	출판연도
43	익명 독자들	황금가지 출판사 홈페이지	이미정	영어
	매튜 펄	단테클럽	베텔스만	2004
44	익명 독자들	황금가지 출판사 홈페이지	이수경	영어
	코난 도일	잃어버린 세계	황금가지	2003
45	익명 독자	황금가지 출판사 홈페이지	이수경 김상훈	영어
	코난 도일	잃어버린 세계	황금가지 행복한 책읽기	2003 2003
46	익명 독자들	황금가지 출판사 홈페이지	김남주, 신영희, 공보경, 이은선	영어
	애거서 크리스티	애거서 크리스티 전집	황금가지	2002-2004
47	익명 독자들	황금가지 출판사 홈페이지	김남주, 심지원, 소서영, 정은주, 양지성, 이주영, 심소정	불어
	모리스 르블랑	아르센 뤼팽 전집	황금가지	2002-2003
48	익명 독자들	황금가지 출판사 홈페이지	이지연, 최준영	영어
	어슐러 르 귄	어스시의 마법사	황금가지	2004
49	익명 독자들	황금가지 출판사 홈페이지	백영미	영어
	코난 도일	셜록 홈즈 전집	황금가지	2002
50	익명 독자	황금가지 출판사 홈페이지	백영미, 정태원	영어
	코난 도일	셜록 홈즈의 귀환	황금가지 시공사	2002 2002
51	익명 독자들	황금가지 출판사 홈페이지	최필원	영어
	데니스 루헤인	미스틱 리버	황금가지	2005
52	익명 독자들	황금가지 출판사 홈페이지	한기찬	영어
	스티븐 킹	캐리	황금가지	2003
53	익명 독자	황금가지 출판사 홈페이지	한기찬	영어
	톨킨	반지의 제왕	황금가지	2001
54	익명 독자	황금가지 출판사 홈페이지	심현식	영어
	모리스 버만	미국문화의 몰락	황금가지	2002
55	익명 독자들	황금가지 출판사 홈페이지	김승욱	영어
	프랭크 허버트	듄	황금가지	2001
56	익명 독자	황금가지 출판사 홈페이지	김한영	영어
	로버트 헬러	워렌 버펫-비즈니스의 거장들	황금가지	2004

번역 비평 6은 국내 영어영문학자들의 학술 단체인 '영미문학연구회'가 학술진흥재단의 지원을 받아 광복 이후 2003년 7월까지 발간된 영문학 고전의 번역본 573종을 평가한 결과에 대한 연재 기사로 2004년 2월 15일부터 4월 11일까지 총 8회에 걸쳐 한국일보에 보도되었다. 영미문학연구회의 평가 목표는 초역부터 시작해 수차례, 많게는 수십 차례 재번역된 고전 문학의 서로 다른 번역본들을 비교하여 '좋은 번역서'를 추천하려는 것이었고 평가 기준은 원문의 의미를 충실히 전했는가에 대한 '충실성'과 우리말로 읽기 쉬운가 하는 '가독성'의 두 가지였다. 연구 결과 반수 이상(54%, 310종)이 표절본으로 드러났으며 추천 번역본은 61종에 불과하였다.

번역 비평 7~9는 서양고전문학 박사인 김대진이 서울대 서양고전학 홈페이지 서평란(http://plaza.snu.ac.kr/~hermes)에 올린 글이다. 비평가의 전공인 신화와 관련된 서적을 대상으로 번역 비평에 주된 관심을 할애하고 있다.

번역 비평 10은 성균관대 영문학과 명예교수인 이재호가 한국 번역학회 학술대회에서 발표한 논문이다. 중 3-2 국어 교과서에 수록된 이윤기 번역 '길 잃은 태양마차'의 번역을 문제로 삼았는데 '길 잃은 태양마차'가 변신 이야기의 일부라는 점 때문에 민음사에서 출간된 변신 이야기도 함께 언급하고 있다. 이 번역 비평은 다수의 언론 매체를 통해 보도되기도 하였다(김범수, 2004. 6월 10일; 권재현, 2004. 6월 10일; 김경희, 2004. 6월 11일).

번역 비평 11~14는 인터넷 서점 '알라딘'의 독자 서평에 올라온 글이다. 번역 비평 11의 비평자 진태원은 인터넷 서점 '알라딘'뿐 아니라 인터넷 서점 '예스24'와 주간지 '교수신문'을 통해서도 번역 비평을 공개했으나 내용은 거의 동일하다. 번역 비평 13의 경우에는 동일한 불어 원문 서적에 대한 서로 다른 두 한국어 번역본, '현대의 신화'와 '신화론'을 비교하고 있다.

번역 비평 15~20은 인터넷 서점 '예스24'의 독자 서평에 올라온 익명 독자들의 글이다. 16과 17은 두 개 이상의 번역 비평을 모아 한 건으로 처리하였기 때문에 번역 비평자를 '익명 독자들'이라 기재하였다.

번역 비평 21~56은 출판사 '열린책들' 홈페이지(www.openbooks.co.kr), '김영사' 홈페이지(www.gimmyoung.com), '시공사' 홈페이지(www.sigongsa.com), '북하우스' 홈페이지(www.bookhouse.co.kr), 베텔스만 코리아 출판사가 만든 '다빈치 코드' 홈페이지(www.davincicode.co.kr), '황금가지' 홈페이지(www.goldenbough.co.kr)에 올라온 익명 독자 혹은 익명 독자들의 번역 비평이다. 모두 해당 출판사의 도서를 대상으로 하고 있다. '다빈치 코드'를 대상으로 삼은 번역 비평 37의 경우 '다빈치 코드' 홈페이지 내용뿐 아니라 코리아헤럴드 부설 어학원 영한번역 전문반 학생들의 번역 비평 결과를 보도한 '미디어 다음'의 기사(홍정희, 2004. 12월 21일)도 포함되어 있다.

이들 번역 비평을 출처 별로 나누어 보면 출판사 홈페이지가 가장 많아 36건이고 인터넷 서점 홈페이지가 10건, 일간 및 주간 신문 기사가 6건, 대학 홈페이지가 3건, 학회 발표 논문이 1건이었다.

표 4-2 분석 대상 번역 비평의 출처

번역비평 번호	출 처	세부 출처	해당 건수
1~4, 6	일간지	국민일보, 문화일보, 중앙일보, 한국일보	총 5건
5	주간지	교수신문	총 1건
7~9	학술 교류 사이트	서울대 서양고전학 홈페이지	총 3건
10	논문	번역학회 발표문	총 1건
11~20	인터넷 서점 홈페이지	알라딘	4건
		예스24	6건
			총 10건
21~55	출판사 홈페이지	열린책들	6건
		김영사	7건
		시공사	3건
		다빈치 코드	1건
		북하우스	5건
		황금가지	14건
			총 36건
			총 합계 56건

　　전체 56건의 번역 비평을 비평가에 따라 나누어 보면 기자의 번역 비평이 4건, 전문가의 번역 비평이 8건, 익명 독자에 의한 번역 비평이 44건이었다. 전문가에는 영문학자, 미술사학자, 철학박사, 서양고전문학 박사가 포함된다. 전문가의 번역 비평 8건 중에는 동일 비평가 김대진의 비평 3건이 포함되었기 때문에 실제 번역을 비평한 전문가는 총 6명이다. 익명 독자 중에도 기자나 전문가 등이 포함될 수 있지만 스스로 비전공자이자 일반인으로 신분을 밝힌 경우가 많아[24] 그 가능성은 크지 않다. 번역 비평 11의 비평자 진태원의 경우 인터넷 서점 '알라딘'

---

24) 예를 들어 번역 비평 12의 비평가는 서두에서 '동류끼리 또는 관련 전문가 로써 정체를 감추고 비판한다는 오해가 생길까 봐 미리 말씀드리면, 필자 는 영어학이나 언어학 또는 인문학을 전공한 사람은 아니며, 문필하고는 관계가 먼 직장생활을 이십여 년 해온 사람이다. 그냥 글과 영어(나아가 언어), 공부를 좋아하는 아마추어 독자일 따름이다.'라고 자신을 소개한다.

과 '예스24'에서는 익명이었으나 '교수신문'의 번역사 답변을 통해 신분이 드러나 본 연구에서는 전문가로 구분하였다.

번역 비평의 길이는 최대 29,190자(번역 비평 7)부터 최소 255자에(번역 비평 25)에 이르기까지 다양하다. 비평 대상 도서의 출판 연도는 1989-2004년까지 다양하지만[25] 번역 비평은 모두 2002년 이후의 것이다.

수집, 선정된 번역 비평 56건의 비평 대상 도서 혹은 작품은 출발 텍스트인 외국 도서를 기준으로 총 60편이었다(전집은 전체를 한 권으로 간주하였다).[26] 번역 비평의 건수에 비해 비평 대상 도서 편수가 많은 이유는 한 번역 비평이 도서 두 편 이상을 다룬 경우도 있고 동일 원본의 서로 다른 한국어 번역본을 비교한 경우도 있기 때문이다. 예를 들어 번역 비평 3, 4, 38은 번역 도서 두 권씩을 다루고 있고 번역 비평 13, 45, 50은 동일 원본의 서로 다른 한국어 번역본을 비교하였다. 한편 번역 비평 1과 37, 44와 45, 49와 50은 각각 '다빈치 코드', '잃어버린 세계', '셜록 홈즈 전집'을 다룬 서로 다른 번역 비평이다.

번역 비평의 비평 대상 도서를 분야별로 구분해보면 문학 23편, 고전 11편, 인문과학 10편, 사회과학 6편, 과학기술 교양 6편, 청소년 아동이 3편, 만화가 1편이었다. 분야 구분에서는 한국출판문화협회 및 인터넷 서점 알라딘의 방식을 혼용하였다. 여기서 문학은 대중 소설 및 에세이이고 고전은 고전의 반열에 오른 문학 작품이다. 두 분야 모두 문학으로 구분한다면 전체 대상 도서의 절반가량인 34편이 문학 도서가 된다. 다른 한편 인문학, 철학 도서는 인문과학 분야로, 사회 비평과 경제 경영 도서는 사회과학 분야로, 교양 과학서 및 공학 분야는 과학 기술 교양 분야로 구분하였다.

---

25) 1945년 이후 출판된 번역본을 대상으로 삼은 번역 비평 6의 경우는 예외이다.

26) 비평 대상 도서에 두 편 이상의 도서가 포함된 저자는 자크 데리다(3), 도스토예프스키(3), 움베르토 에코(2), 셰익스피어(2), 레이먼드 챈들러(2)의 5인이다(괄호 안은 도서 편수).

표 4-3 번역 비평 대상 도서의 분야별 구분(분야별 도서 제목은 가나다 순)

고 전 총 11편	미성년, 변신 이야기, 위대한 개츠비, 젊은 예술가의 초상, 죄와 벌, 주홍글자, 카라마조프 씨네 형제들, 테스, 햄릿, 허클베리핀의 모험, 호밀밭의 파수꾼
문학 총 23 편	감상적 킬러의 고백, 다빈치 코드, 닥터스, 단테클럽, 듄, 멋진 징조들, 미스틱 리버, 반지의 제왕, 밤을 사냥하는 자들, 브라운 신부 전집, 사조영웅전, 세상의 바보들에게 웃으며 화내는 방법, 셜록 홈즈 전집, 아르센 뤼팽 전집, 안녕 내사랑, 애거서 크리스티 전집, 어스시의 마법사, 잃어버린 세계, 장미의 이름, 캐드펠 시리즈, 캐리, 하이 윈도, 환상의 책
인문과학 총 10편	고대 그리스의 미술과 신화, 권력, 불량배들-이성에 관한 두 편의 에세이, 세계의 영웅 신화, 언어본능, 영원한 일본(시공 디스커버리총서), 자크 데리다 시선의 권리, 지각현상학, 해체, 현대의 신화
사회과학 총 6편	문명의 충돌, 미국문화의 몰락, 미국은 영원한 강자인가, 워렌 버펫-비즈니스의 거장들, 이머전스-미래와 진화의 열쇠, 좋은 기업을 넘어 위대한 기업으로
과학기술교양 총 6편	괴델, 에셔, 바흐: 영원한 황금 노끈, 도시 계획, 루시의 유산, 붉은 여왕, 악령이 출몰하는 세상, 진화의 열쇠
청소년 아동 총 3편	새콤달콤 셰익스피어이야기, 축구 그 빛과 그림자, 해리포터와 불사조기사단
만화 총 1편	와일드 어댑터
합계 60편	

   비평 대상 번역 도서의 출발 언어는 영어가 42편으로 압도적이었고 불어 8편, 러시아어 3편, 스페인어 2편, 일어와 중국어가 각각 1편씩이었다. 그리고 라틴어 원본의 영어 번역판을 중역한 경우가 1편(변신 이야기), 이탈리아어 원본의 영어 번역판을 중역한 경우가 2편(장미의 이름, 세상의 바보들에게 웃으면서 화내는 방법) 있었다.

   한국어 번역본이 출간된 출판사별로 나누어 보면 황금가지가 11편, 열린책들과 김영사가 각각 8편, 북하우스와 시공사가 각각 5편, 문학과 지성사가 2편, 그리고 그 외 17개 출판사에서 한 편씩이었다.27) 홈페이

27) 573편의 번역 도서를 대상으로 삼은 번역 비평 6의 경우 개개 출판사가

지의 독자 게시판이 번역 비평 자료 수집 출처로 사용된 출판사들의 책이 총 38편으로 절반 이상이다.

번역 비평 대상 도서를 번역한 번역자는 모두 70명으로 두 편 이상의 번역 도서가 포함된 번역사는 이윤기(4), 박현주(3), 김남주(2), 한기찬(2), 김한영(2), 봉명화(2), 이수경(2)이다(괄호 안은 도서 편수). 2인 이상의 번역자가 공동으로 번역한 도서는 11편이다.[28] 이 중 5편은 전집류였고 나머지는 단행본이었다.

한편, 번역 비평에 대한 편집인 및 번역사의 응답 자료는 총 22건이다. 이 중 편집인의 응답이 총 15건, 번역자의 응답이 7건이다.

편집인의 응답은 구체적인 번역 비평에 대해 답변한 경우 12건과 재번역 혹은 개역판 결정으로 답변한 경우 3건으로 나뉜다. 전자의 12건은 모두 출판사 홈페이지에 올라온 비평가 독자의 번역 비평에 대해 역시 홈페이지를 통해 응답한 것이었다.[29] 이를 출판사 별로 살펴보면 '황금가지'가 5건, '열린책들'이 3건, '북하우스'가 2건, 그리고 '김영사', '시공사'가 각각 한 건씩이었다. 후자의 3건 중에서는 출판사 홈페이지를 통한 응답이 2건, 일간지를 통한 응답이 1건이었다.

번역사의 응답 7건 중 5건은 번역 비평과 동일한 매체를 사용한 것이었다. 출판사 홈페이지에 실린 응답이 2건, 인터넷 서점 알라딘을 통한 것이 2건, 그리고 '교수신문' 지상 논쟁이 1건이었다. 나머지 2건은 학회발표논문 형식의 번역 비평에 대해 일간지를 통해 답한 것, 그리고 인터넷 서점 독자 게시판에서의 번역 비평에 교수신문 지면으로 답한 것이었다.

번역비평과 그에 대한 번역사의 응답 7개 쌍을 제시하면 표 4-4와 같다.

명기되지 않아 출판사 별 분석에서 제외하였다.

28) 현대의 신화(동문선, 1997)과 사조영웅전(2003, 김영사)의 경우 번역자가 각각 이대기호학연구소와 김용 소설번역연구회로 되어 있어 공동 번역으로 처리하였다.

29) 출판사 홈페이지는 독자와 출판사의 활발한 상호작용 공간이 되고 있다.

표 4-4 번역 비평과 그에 대한 번역사의 응답

	비평자	비평 출처	번역 비평 제목
	번역자	답변 출처	번역자 답변 제목
1 (5)[30]	조광제 (철학 박사)	교수신문(2003. 3. 10)	논쟁서평: 메를로 퐁티의 '지각현상학'에 대한 유감
	역자 류의근	교수신문(2003. 3. 17)	반론: 조광제 박사의 '지각의 현상학' 서평에 대한 유감
2 (10)	이재호 (영문학교수)	한국번역학회 발표논문	중 3-2 국어 교과서: '길 잃은 태양마차'의 번역 진단
	역자 이윤기	문화일보(2004. 6. 11) 번역과 편역의 경계는? …… 논란조짐	아킬레우스 건, 맞습니다
3 (11)	진태원 (철학전공자)	인터넷 서점 '알라딘'과 '예스24' 독자 서평 교수신문(2004. 2. 26)	너무나 익숙한, 너무나 끔찍한 오역, 오역들/오역의 늪에 빠진 데리다/데리다 '불량배들' 국역본의 문제점'
	역자 이경신	교수신문(2004. 2. 25)	반론: 진태원 씨의 지적에 답한다
4 (12)	익명 독자들	인터넷 서점 알라딘 독자 서평	언어 아이러니
	역자 김한영	인터넷 서점 알라딘 독자 서평	'언어 본능' 구간에 대한 서평 '언어 아이러니'의 지적에 대하여
5 (15)	익명 독자	인터넷 서점 알라딘 독자 서평	어쩜 이럴 수가 ……
	역자 박여성	인터넷 서점 알라딘 독자 서평	번역사의 말
6 (21)	익명 독자	출판사 '열린책들' 홈페이지	[31]
	역자 이대우	출판사 '열린책들' 홈페이지	'카라마조프 씨네 형제들' 번역자의 입장
7 (54)	익명 독자	출판사 '황금가지' 홈페이지	미국문화의 몰락? 번역 문화의 몰락! 오타와 비문
	역자 심현식	출판사 '황금가지' 홈페이지	번역자의 답변

30) 괄호 안의 숫자는 해당 번역비평이 표 3-1에 소개되었을 때의 번호이다.

31) '카라마조프 씨네 형제들'의 번역에 관해 익명 독자와 번역사는 몇 차례

3. 분석 방법

자료 분석을 위해 2장 3절에서 소개했던 Toury와 Chesterman의 번역 규범 모델을 통합하여 분석틀을 마련하였다. 이 절에서는 그 분석틀과 함께 분석 절차를 소개하겠다.

1) 출판 번역 평가 규범 분석틀

번역 비평 자료를 바탕으로 한국 출판 번역 독자들의 번역 평가 규범을 규명하기 위해 자료 분석에 사용될 분석틀을 마련하였다. 분석틀은 Toury와 Chesterman의 번역 규범 모델을 통합하여 만들어졌다. 효율적인 분석을 위해서는 단일한 기준틀이 요구되었고 또한 출판 번역의 사회 문화적 속성을 고려할 때 번역 평가 규범 분석틀에는 번역사 외에도 Toury의 출판인, Chesterman의 독자 모두가 규범의 주체로 포함되어야 한다고 판단되었다.

Toury의 초기 규범, 예비 단계 규범, 작동 규범(형태 규범, 텍스트 언어 규범)과 Chesterman의 기대 규범, 번역 과정 규범(책무 규범, 의사소통 규범, 관계 규범)의 내용을 비교해보면 초기 규범과 기대 규범, 형태 규범과 관계 규범, 그리고 텍스트 언어 규범과 의사소통 규범을 묶을 수 있다.

Toury의 초기 규범과 Chesterman의 기대 규범은 여타 규범들보다 앞서서 혹은 상위에 위치하는 보다 근본적인 규범이라는 공통점을 가진다. '적절한(adequate) 번역' 對 '수용가능한(acceptable) 번역', '두드

의견을 나누고 있지만 익명 독자가 제일 처음에 올렸던 글은 열린책들 출판사의 홈페이지 개편으로 사라져 볼 수 없었다. 이 때문에 익명 독자의 번역 비평은 번역사의 답변에 인용된 내용으로 대신한다.

러지는(overt) 번역' 對 '자연스럽게 여겨지는(covert) 번역' 이라는 두 규범의 내용은 명칭만 다를 뿐 결국 출발 텍스트 중심 번역 對 도착 텍스트 중심 번역이라는 전통적인 논쟁과 맥을 같이 하고 있으며 이는 작동 규범이나 번역 과정 규범을 바탕으로 하여 번역사나 출판인, 독자들의 의식 속에 자리 잡게 되는 것으로 판단된다. 본 연구에서는 이를 '기본적 태도 규범'이라는 새로운 규범으로 통합하였다.

형태 규범과 관계 규범, 텍스트 언어 규범과 의사소통 규범의 경우, 전자의 규범들은 출발 텍스트를, 후자의 규범들은 도착 텍스트를 기준으로 삼는다는 공통점을 가진다. 다시 말해 형태 규범과 관계 규범은 도착 텍스트에서 구현되는 출발 텍스트의 모습에 초점을 맞추는 반면, 텍스트 언어 규범과 의사소통 규범은 도착어의 언어적 측면을 중심으로 하는 것이다. 이에 따라 본 연구에서는 형태 규범과 관계 규범을 '출발 텍스트와의 관련성 규범'으로, 텍스트 언어 규범과 의사소통 규범을 '도착 텍스트의 효율성 규범'으로 통합하였다.

번역 직전 단계에서 번역할 텍스트나 번역사를 선택하는 의사 결정과 관련된 Toury의 예비 단계 규범은 출판 번역에서 특히 큰 의미를 가질 수 있다. 본 연구에서는 Toury가 말한 번역 정책과 번역의 직접성을 통합하여 '정책 규범'이라는 이름을 붙였다. 번역의 직접성 여부를 출판인의 정책 범위에 포함시키는 것이다. 그리고 본 연구의 정책 규범은 번역 과정에서의 단계 개념보다는 출판인이라는 규범의 실행 주체를 중심으로 하여 출판인의 출판 번역 관련 정책을 포괄하는 개념으로 사용하였다.

마지막으로 Chesterman의 책무 규범은 독자나 출판인에 대한 번역사의 윤리 측면을 폭넓게 다루는 것으로 보아 '윤리 규범'이라는 명칭으로 새로운 통합 분석틀에 포함시켰다. 3장 2절에서 제기되었던 책무 규범의 모호성 문제는 실제 분석 과정을 통해 구체화될 것으로 기대된다.

이상과 같이 Toury와 Chesterman의 번역 규범 모델을 통합하여 만

들어진 출판 번역의 번역 규범 분석틀은 그림 4-1에서 보듯이 기본적
태도 규범, 정책 규범, 출발 텍스트와의 관련성 규범, 도착 텍스트의
효율성 규범, 윤리 규범의 다섯 가지 규범으로 이루어져 있으며 기본
적 태도 규범이 가장 상위에 위치하고 그 아래에 하위 규범들이 자리
잡은 형태이다. 기본적 태도 규범은 여타 규범들에 영향을 미치고 또
한 여타 규범의 영향을 받으면서 변화 발전한다고 보아 양방향 화살표
를 사용하였다. 출판인의 번역 관련 정책을 다루는 정책 규범은 번역
사의 번역 과정에서 작용하는 나머지 세 규범과 규범 실행의 주체가
다르므로 분리시켜 표시하였다.

그림 4-1 출판 번역의 번역 규범 분석틀

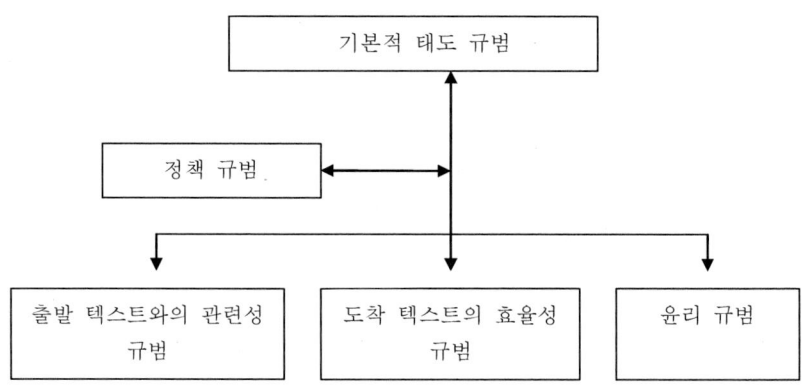

분석틀을 이루는 규범들을 간단히 설명하면 우선 기본적 태도 규범
은 기본 규범이자 상위 규범으로서 번역이 출발 텍스트와 도착 텍스트
중 어느 쪽을 중심으로 삼아야 하는지에 대한 태도를 반영한다. 이와
함께 특정 텍스트가 번역으로 인정될 수 있는지 아닌지에 대한 판단의
문제도 포함한다.
    정책 규범은 번역과 관련하여 출판인이 내리는 폭넓은 의사 결정에

관련된 규범이다. 2장 4절의 출판인 심층 면접에서 언급되었던 번역 출발 텍스트 및 번역사 선택, 번역사의 처우 문제 등도 여기에 포함된다.

출발 텍스트와의 관련성 규범은 출발 텍스트의 형태, 구성, 내용, 효과 등을 도착 텍스트에서 유지 구현하는 문제에 관련된 규범이다. 이에 반해 도착 텍스트의 효율성 규범은 도착 텍스트의 텍스트언어 차원 및 의사소통 차원을 다룬다. 마지막으로 윤리 규범은 원저자, 번역 발주자, 독자 등 다양한 번역 과정 참여자에 대한 번역사의 책임과 관련된 규범이다.

3장에서도 밝혔듯이 본 연구에서 번역 규범은 기술적인(descriptive) 개념이다. 따라서 출판 번역의 번역 규범 분석틀 또한 '번역은 어떠해야 한다'는 규정적인 차원이 아닌, '번역은 어떠하다'라는 진술의 차원이다. 다시 말해 본 연구의 번역 규범 분석틀은 다양한 출판 번역 참여자들이 가지는 번역에 대한 사고를 체계적으로 기술하기 위한 도구가 된다.

결국 각각의 규범은 번역에 대한 사고를 기술하기 위한 차원 혹은 스펙트럼이 된다. 본 연구의 목적은 오늘날 한국의 출판 번역이라는 특정 시대적·사회문화적 대상이 가지는 이들 다수의 차원 혹은 스펙트럼을 규명하는 데 있다.

2) 분석 절차

자료 분석은 연구 문제에 따라 3단계로 이루어졌다. 1단계에서는 한국 출판 번역 독자들이 중시하는 번역 평가 규범을 밝히기 위해 비평가 독자들의 번역 비평 자료에 나타난 지적 사항들을 앞에서 마련된 번역 평가 규범 분석틀에 따라 분류하고 빈도수를 파악하였다. 2단계에서는 번역 평가 규범의 구성 요소를 밝히기 위해 1단계에서 분류된 번역 비평 지적 사항을 바탕으로 각 번역 평가 규범별 하위 영역을 추출하였다. 3단계에서는 편집자와 번역사의 응답이 있었던 총 22개 경우를 번역 평가 규범 분석틀에 따라 분석하여 상호작용을 파악하였다. 이러한 분석 절차를 그림으로 제시하면 4-2와 같다.

분석 과정에서 주관성을 배제하기 위해 1단계와 3단계에서는 통역번역학 박사과정 재학 이상의 3인이, 2단계에서는 4인이 공동 참여하였다. 프랑스어, 스페인어, 일본어, 중국어 도서가 출발 텍스트이면서 번역 비평에서 출발어와 관련된 지적이 나오는 경우에는 통역번역대학원에서 해당 언어를 전공한 석사 학위 이상자의 별도 확인 과정을 거쳤다.

그림 4-2 자료 분석 절차

1단계: 번역비평 지적사항을 번역규범 분석틀에 따라 분류

2단계: 분류된 번역비평 지적사항을 바탕으로 번역규범 하위영역 추출

3단계: 편집인 및 번역사의 응답을 번역규범에 따라 분석

V. 한국 출판 번역 독자들이 보이는
번역 평가 규범 분석

4장의 연구 방법을 통해 한국 출판 번역 독자들의 번역 평가 규범을 분석한 결과는 다음과 같다.

1. 한국 출판 번역 독자들이 중시하는 번역 평가 규범

한국 출판 번역 독자들의 번역 비평 56건에서 지적된 사항은 총 581개였다. 이를 4장 3절에서 마련된 번역 평가 규범 분석틀에 따라 분류하였다. 번역 비평의 지적 내용만으로 판단이 어려운 경우에는 비평 대상이 된 번역 도서를 참고하였다.

그 과정에서 출발 텍스트와의 관련성 규범과 도착 텍스트의 효율성 규범 사이를 구분하는 데 어려움이 있었다. 예를 들어 번역비평 37(다빈치 코드)을 보면 다음과 같은 진술이 있다.

예 5-1

우선 재미있게 읽었다는 말씀부터 드리고요, 그런데 번역이 잘못된 곳이 여러 군데 있더군요.

특히 맨 마지막 부분 아링가로사 주교가 파슈에게 사일래스의 가족들에게 돈을 전해달라고 한 부분은 이해가 전혀 안 갔어요. 영어로 읽어보니 사일래스가 죽인 사람들의 가족들에게 돈을 나눠주라고 부탁한 것이더군요.

여기서 비평가 독자는 문장의 주어가 정확히 파악, 전달되지 못해 독자에게 혼란을 야기한 상황을 지적한다. 도착 텍스트를 읽고 이해를 하지 못한 독자는 영어 원문을 통해 문제를 파악하고 있다. 이 지적 사항은 도착 텍스트의 이해 문제를 제기했다는 점에서 보자면 도착 텍스트의 효율성 규범으로 분류되겠지만 동시에 문제의 원인이 출발 텍스트에 대한 번역사의 이해 미비라는 점을 고려하면 출발 텍스트와의 관련성 규범으로 분류되어야 한다. 이러한 분류의 어려움에 대해서는 영어 소설 원문과 스페인어 번역본을 비교한 Linder(2001)도 지적한 바 있다.[32]

본 연구는 이러한 진술의 경우 비평가 독자의 비평 근거를 살펴 원문 도서를 기준으로 두고 비교가 이루어진다면 출발 텍스트와의 관련성 규범으로, 반면 도착 텍스트의 명료성이나 정확성이 비평의 초점이었다면 도착 텍스트의 효율성 규범으로 분류하였다. 번역 비평 37의 위 예는 영어 원문 도서를 판단 기준으로 삼았기 때문에 출발 텍스트와의 관련성 규범으로 분류되었다.

또한 분류 과정에서 '배경 지식 규범'이라는 영역을 추가해야 할 필요성이 대두되었다. 언어적 차원을 넘어서는 차원의 비평이 많았던 것이다. 예를 들어 기존에 정착된 전문 용어를 사용하지 않았다는 비평, 시대 배경을 충분히 반영하지 못했다는 비평, 출발 문화권의 예술이나 대중문화가 언급된 경우 내용이 제대로 전달되지 못했다는 비평이 다수 있었다. 이러한 비평들은 4장 3절에서 제안된 번역 평가 규범 분석 틀에 따라 분류하기가 쉽지 않았다. 출발 텍스트와의 관련성 규범, 도착 텍스트의 효율성 규범, 윤리 규범에 모두 해당할 수 있었기 때문이

---

32) Linder(2001)는 출발 텍스트에서 의도적으로 반복된 단어나 표현이 도착 텍스트에서 일관되게 번역되지 못해 아이러니가 살아나지 못했다는 문제를 지적하면서 문제의 원인이 출발 텍스트의 이해 실패에 있는지 도착 텍스트에서의 표현 실패에 있는지 밝히기 어렵다고 설명하였다.

다. 이 중 어느 한 규범에 포함시키면 규범들 사이의 배타성이 모호해
졌고 해당 규범의 범위가 지나치게 커져 분석의 효율성이 저하되는 문
제가 발생하였다.

배경 지식 규범의 도입 문제가 대두된 것은 Toury와 Chesterman의
번역 규범 모델에서 배경 지식 문제가 포용되지 못했기 때문이다.
Toury의 모델에서는 실제 번역 단계에서 작용하는 작동 규범
(operational norms)이 형태 유지 규범과 텍스트 언어 규범으로 이루어
져 있어 배경 지식이 포용될 여지가 아예 없다. Chesterman의 경우에
는 직업인 규범(professional norm)을 이루는 책무 규범(accountability
norm), 의사소통 규범(communication norm), 관계 규범(relation norm)
모두가 배경 지식 규범을 포함할 수 있다. 번역사는 번역 과정에서 충
분한 배경 지식을 습득, 발휘해야 하는 책무를 지며 배경 지식을 바탕
으로 번역의 의사소통 기능을 최적화하고 출발 텍스트와 도착 텍스트
를 일치시킬 것이기 때문이다.

이에 따라 애초의 번역 규범 분석틀에 배경 지식 규범이 추가되었
다. 새로이 만들어진 출판 번역 번역 규범 분석틀은 기본적 태도 규범,
출발 텍스트와의 관련성 규범, 도착 텍스트의 효율성 규범, 배경 지식
규범, 윤리 규범, 정책 규범으로 이루어져 있다(그림 5-1).

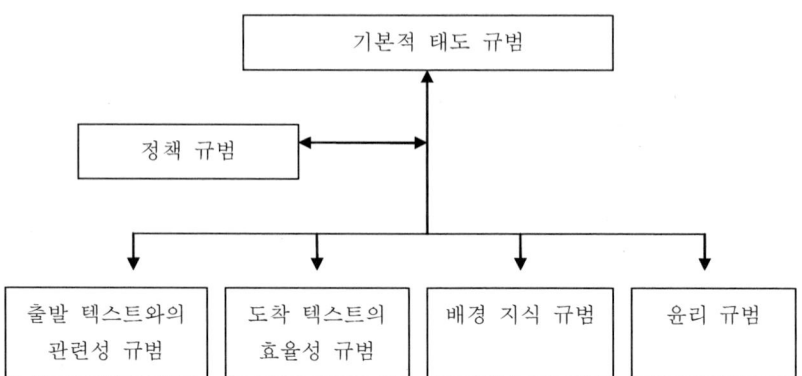

그림 5-1 한국 출판 번역 독자들의 번역 평가 규범

비평가 독자들의 번역 비평 56건에서 나온 581개의 지적 사항들은 번역 규범 여섯 개 모두에 걸쳐 있었다. 이들 번역 비평의 지적 사항들을 배경 지식 규범까지 포함된 새로운 번역 규범 분석틀에 따라 분류한 결과는 표 5-1와 같다.

출판 번역 규범 중에서 번역 비평의 지적 사항이 가장 많았던 것은 도착 텍스트의 효율성 규범으로 전체의 53.4%를 차지했다. 이는 2.2의 출판인 심층 면접에서 나온 '읽어서 이해할 수 있는 기본 수준에도 미치지 못하는 번역물이 많다'라는 지적을 뒷받침하는 결과이다. 도착 텍스트의 효율성 규범에 이어 출발 텍스트와의 관련성 규범(28.1%), 배경 지식 규범(8.4%), 윤리 규범(7.1%), 정책 규범(2.6%)의 순으로 지적 사항이 많았다. 도착 텍스트의 효율성 규범과 출발 텍스트와의 관련성 규범에 해당하는 지적 사항을 더하면 전체의 81%에 달했다. 결국 비평가 독자들의 번역 비평은 이 두 규범을 중심으로 이루어진다고 말할 수 있다. 전체 여섯 개 규범 가운데 이 두 규범이 출발 텍스트를 이해하고 도착 텍스트를 구성하는 언어적 측면에 초점을 맞춘다고 점을 고려한다면 결국 비평가 독자들의 번역 비평은 언어적 측면을 위주로 한다고 말할 수 있다.

표 5-1 번역 규범별로 본 번역 비평 지적 사항 개수

번역 규범	지적 사항 개수(%)
기본적 태도 규범	3(0.5%)
출발 텍스트와의 관련성 규범	163(28.1%)
도착 텍스트의 효율성 규범	310(53.4%)
배경지식 규범	49(8.4%)
윤리 규범	41(7.1%)
정책 규범	15(2.6%)
	총계 581

이 두 규범 중에서도 도착 텍스트의 효율성 규범에 해당하는 지적 사항이 출발 텍스트와의 관련성 규범에 비해 1.8배 정도 더 많았다. 이는 비평가 독자들이 출발 텍스트에 근거하기보다는 도착 텍스트 안에서 지적 사항을 찾아내는 경우가 더 많았다는 뜻이다.

출발 텍스트와의 관련성 규범과 도착 텍스트의 효율성 규범에서 번역 비평의 지적 사항은 절대 다수가 오류에 대한 비판 혹은 문제의 제기에 해당했다. 긍정적인 지적은 단 9개뿐이었고 그중 8개는 모두 번역 비평 6에서 나온 것으로[33] 편중되어 있었다. 비평가 독자들의 번역 비평은 언어적 차원에서 번역사의 오류를 지적하는 데 치우쳐 있었던 것이다.

이처럼 번역 비평이 오류 지적에 치우치는 이유는 일차적으로 비평 대상 번역 도서의 번역에 오류가 다수 포함되어 있기 때문일 것이다. 하지만 번역 비평이 긍정적인 평가보다는 문제점 지적에 편중되어 있을 가능성 또한 존재한다. 김륜옥(2001)은 일반인들이 번역자의 작업 성과를 제대로 인정하지 않으며 세계문학작품 속의 '명대사'를 번역자

---

33) 나머지 하나는 번역 비평 50에서 나온 지적으로 '적절한 역주'에 대해 언급하고 있다.

의 언어로 인식하지 못한다고 지적하였다. '명대사나 이해하기 쉽고 흥
미진진한 문장은 원저자의 언어로 칭송 받을 뿐'이라는 것이다. 이렇게
본다면 출판 번역의 번역사는 오류나 실수가 있을 경우 가차없이 지적
당하지만 잘 된 번역에 대해서는 제대로 가치를 인정받지 못하는 상황
에 놓여 있다고 할 수 있다.

그런데 전체 번역 비평 중 특히 전문가들의 번역 비평에서 출발 텍
스트와의 관련성 규범이 많이 지적되는 경향이 나타났다. 전문가들의
번역비평 8건에서는 출발 텍스트와의 관련성 규범 지적이 103건인 반
면(이는 출발 텍스트와의 관련성 규범에 해당하는 지적 사항 전체 개
수의 63%에 달한다.) 도착 텍스트의 효율성 규범 지적은 23건에 불과
했다. 반면 전문가를 제외한 기자나 익명 독자의 경우 도착 텍스트의
효율성 규범과 관련한 지적 사항이 압도적으로 많았다. 이는 그림 4-2
을 통해서도 확인할 수 있다. 출발 텍스트와의 관련성 규범에 해당하
는 지적 사항이 월등히 많은 것으로 나타난 번역비평 5, 6, 7, 8, 9, 10
은 모두 전문가의 것이다.

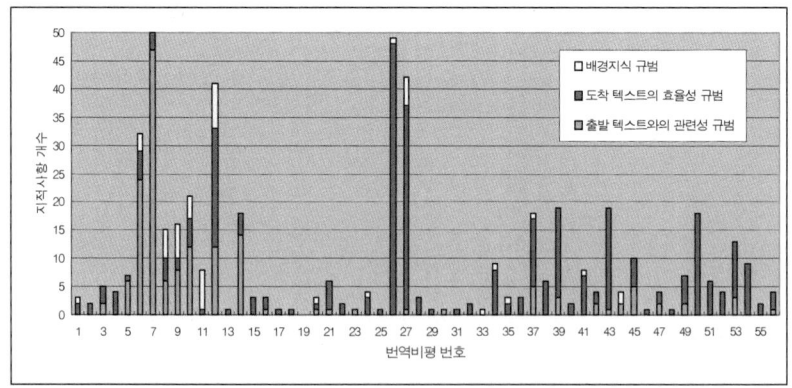

그림 5-2 번역 비평에서 출발 텍스트와의 관련성 규범,
도착 텍스트의 효율성 규범, 배경지식 규범의 세 개
번역 평가 규범이 나타내는 상대적 비중

이는 전문가 독자들이 번역 비평에서 출발 텍스트와의 관련성 규범을 보다 중시할 수 있다는 가능성을 제시한다. 출발 텍스트와의 관련성 규범은 출발 텍스트와의 비교 분석을 바탕으로 한다. 이는 일반 독자보다는 전문가 독자들에게 더욱 가능한 일일 것이다. 하지만 본 연구의 번역 비평 자료에서 전문가 독자들이 총 6명에 불과했다는 점[34], 또한 기자나 일반 독자들 중에서도 원문 텍스트와의 직접 비교를 바탕으로 번역을 비평하는 경우가 9건, 다른 언어 번역판(영어, 러시아어)과 비교한 경우가 3건이나 있었다는 점을 고려한다면 추후 검증 작업이 필요하다.

2. 한국 독자들의 출판 번역 평가 규범이 가진 구성 요소

다음 단계로 한국 출판 번역 독자들의 번역 평가 규범이 어떤 구성 요소를 가지는지 파악하기 위해 각 번역 평가 규범의 번역 비평 지적 사항들을 하위 영역으로 묶어 보았다.

하위 영역을 추출하는 과정에서는 Toury와 Chesterman이 제시한 번역 규범 모델 및 Baker(1992)가 사용한 등가성 수준을 사용하였다.

Toury와 Chesterman의 번역 규범 모델을 통해 얻은 하위 영역은 다음과 같다. 기본적 태도 규범은 '기본 지향'과 '번역 여부에 대한 판단'으로 나뉜다. 전자는 출발 텍스트 지향이냐, 도착 텍스트 지향이냐의 문제로 하위 규범들을 바탕으로 결정되는 추상적인 차원이고 후자는 Chesterman이 언급한 '번역으로서의' 수용 가능성 문제이다. 출발 텍스트와의 관련성 규범에는 Toury가 작동 규범의 형체 규범에서 언

---

34) 전문가 독자들의 번역 비평은 총 8건이지만 그중 3건은 김대진이라는 동일인물의 것이기 때문에 전문가 독자의 수는 6명이 된다.

급한 문제들, 즉 출발 텍스트의 각 부분이 도착 텍스트에 빠짐없이 구현되었는지(첨삭), 그리고 출발 텍스트의 구조나 구성이 변함없이 유지되었는지(형태 유지) 하는 문제와 Chesterman의 출발 텍스트와의 관련성이 포함된다. 도착 텍스트의 효율성 규범에는 Toury가 언급한 도착어의 텍스트 언어 영역과 Chesterman의 의사소통 최적화 영역이 포함된다. 한편 정책 규범에는 Toury 모델에서 언급된 출발 텍스트 선택 및 중역의 허용 가능성 영역이, 윤리 규범에는 번역사 윤리라는 영역이 포함된다.

그런데 출발 텍스트와의 관련성 규범에서 언급된 '출발 텍스트와의 관련성'이나 혹은 도착 텍스트의 효율성 규범에 포함된 '텍스트 언어' 영역은 좀더 구체화될 필요가 있다. 이를 위해 본 연구는 Baker(1992)가 제시한 번역의 등가성 수준을 도입하였다.

Baker(1992)는 출발 텍스트와 도착 텍스트의 관계를 비교 분석하고 번역의 등가성을 구현하기 위한 제 수준으로 단어 수준, 단어 이상 수준, 문법 수준, 텍스트 수준, 화용론 수준을 구분하고 있다. 그리고 단어 수준에서는 형태소에서부터 단어에 이르는 문제를, 단어 이상 수준에서는 둘 이상의 단어로 이루어진 표현 및 연어(collocation)[35]의 문제를, 문법 수준에서는 어순의 문제를, 텍스트 수준에서는 정보 구조와 응집성(cohesion)의 문제를, 화용론 수준에서는 결속성(coherence)의 문제를 다룬다.[36]

이들 수준은 출발 텍스트와의 관련성과 도착어의 텍스트 언어 측면 모두에 적용 가능하다. 예를 들어 단어 이상 수준에서 표현의 문제를

---

35) 본 연구에서는 Baker(1992, p.47)의 설명대로 연어를 '한 언어에서 일정한 단어들이 함께 나타나는 경향'으로 보겠다. 연어 현상은 명사와 명사, 명사와 형용사, 명사와 동사, 동사와 부사 등 다양한 측면에서 관찰 가능하다.

36) Baker(1992, p.218)는 응집성(cohesion)과 결속성(coherence)을 구분하면서 전자는 어휘적, 문법적 의존 관계를 바탕으로 한 표면적 네트워크인 반면 후자는 의미적, 개념적 의존 관계의 심층적 네트워크라고 설명하였다.

본다고 할 때 출발 텍스트와의 관련성 규범에서는 출발어 표현의 올바른 이해 문제를, 도착 텍스트의 효율성 규범에서는 도착어 표현의 적절한 재구성 문제를 다룰 수 있는 것이다. 따라서 본 연구에서는 이들 수준을 출발 텍스트와의 관련성 규범 및 도착 텍스트의 효율성 규범의 하위 영역으로 설정하였다.

본 연구에서는 분석의 효율화를 위해 Baker의 제 수준을 단어 및 표현, 문장, 텍스트로 다시 분류하였다. 이에 따라 Baker의 단어 수준 및 단어 이상 수준이 본 연구의 출판 번역 규범 하위 영역에서는 단어 및 표현 영역으로, 문법 수준 및 텍스트 수준의 응집성 문제는 문장 영역으로, 텍스트 수준의 정보 구조 및 화용론 수준은 텍스트 영역으로 묶였다.

이상과 같이 선행 연구를 바탕으로 하여 얻어진 각 규범의 하위 영역은 표 5-2와 같다.

표 5-2 선행 연구를 바탕으로 얻어진 번역 평가 규범의 하위 영역

번역 규범	하위 영역
기본적 태도 규범	기본 지향
	번역 여부에 대한 판단
출발 텍스트와의 관련성 규범	텍스트 이해
	문장 이해
	단어 및 표현 이해
	첨삭
	형태 유지
도착 텍스트의 효율성 규범	텍스트 구성
	문장 구성
	단어 및 표현 구성
윤리 규범	번역사 윤리
정책 규범	출발 텍스트 선택
	중역에 대한 허용 가능성

  선행 연구에서 다루어지지 못한 배경 지식 규범을 비롯하여 제 규범의 보다 구체적인 하위 영역은 번역 비평을 분석하는 과정에서 얻어졌다. 그 결과 표 5-2의 하위 영역에 더해 출발 텍스트와의 관련성 규범에서는 '숫자 표기'와 '언어유희'가, 도착 텍스트의 효율성 규범에서는 '오탈자', '고유명사 외국어 발음 표기', '대우법', '역주', '띄어쓰기', '새로운 한국어 인지명 창조'가, 윤리 규범에서는 '편집인(출판사) 윤리'와 '기타 관련인 윤리'가, 정책 규범에서는 '번역사 선정'과 '분책 출판'이 하위 영역으로 추가되었다.

  결국 기본적 태도 규범, 출발 텍스트와의 관련성 규범, 도착 텍스트의 효율성 규범, 윤리 규범, 정책 규범은 각각 2개, 7개, 9개, 3개, 4개 영역으로 나뉘었고 배경 지식 규범 또한 번역 비평에서 지적된 배경 지식의 종류에 따라 12개 영역으로 세분되었다. 각 규범의 하위 영역과 그에 해당하는 지적 사항의 개수는 표 5-3과 같다.

표 5-3 최종 추출된 번역 평가 규범별 하위 영역 및 지적 사항 개수

상위 규범	하위 영역	해당 지적 사항 개수
1) 기본적 태도 규범	1-1) 기본 지향 1-2) 번역 여부 판단	0 3 계 3
2) 출발 텍스트와의 관련성 규범	2-1) 텍스트 이해 2-2) 문장 이해 2-3) 단어 및 표현 이해 2-4) 첨삭 2-5) 형태 유지 2-6) 숫자 표기 2-7) 언어유희	7 40 49 36 18 9 4 계 163

상위 규범	하위 영역	해당 지적 사항 개수
3) 도착 텍스트의 효율성 규범	3-1) 텍스트 구성	36
	3-2) 문장 구성	64
	3-3) 단어 및 표현 구성	80
	3-4) 오탈자	74
	3-5) 외국어 고유명사 발음 표기	20
	3-6) 대우법	16
	3-7) 역주	12
	3-8) 띄어쓰기	6
	3-9) 새로운 한국어 인지명 창조	2
		계 310
4) 배경 지식 규범	4-1) 전문 용어	11
	4-2) 신화 내용	8
	4-3) 시대 배경	5
	4-4) 대중문화/스포츠	5
	4-5) 종교	5
	4-6) 제도와 관습	3
	4-7) 제 3의 외국어 지식	3
	4-8) 저자 및 도서 관련 지식	3
	4-9) 지리	2
	4-10) 고전 문학 지식	2
	4-11) 자연 과학 지식	1
	4-12) 예술	1
		계 49
5) 윤리 규범	5-1) 번역사 윤리	12
	5-2) 편집인(출판사) 윤리	24
	5-3) 기타 관련인 윤리	5
		계 41
6) 정책 규범	6-1) 번역사 선정	11
	6-2) 원본 도서 선정	1
	6-3) 분책 출판	2
	6-4) 중역	1
		계 15
		총계 581

번역 평가 규범별 하위 영역 및 번역 비평 지적 사항의 빈도는 다음과 같다. 우선 기본적 태도 규범의 하위 영역은 표 5-3에 제시한 것과 같이 '기본 지향'과 '번역 여부 판단'으로 이루어져 있다. 비평가 독자의 번역 비평에서는 번역 여부 판단 영역에 해당하는 지적 사항 3개가 나왔다.

출발 텍스트와의 관련성 규범에서는 우선 표 5-2에 제시한 '텍스트 이해', '문장 이해', '단어 및 표현 이해', '첨삭', '형태 유지' 모두에서 번역 비평 지적 사항들이 나왔다. 텍스트 이해, 문장 이해, 단어 및 표현 이해라는 세 하위 영역은 모두 출발 텍스트의 이해와 관련되는 문제로 비평가 독자들이 텍스트, 문장, 단어 및 표현 중 어느 수준에서 문제를 지적하느냐에 따라 나뉘었다. 이와 함께 실제 번역 비평 지적 사항에서 언급된 '숫자 표기', '언어유희' 영역이 포함되었다.

출발 텍스트와의 관련성 규범에서 추출된 하위 영역들 중 비평가 독자들의 지적 사항은 '단어 및 표현 이해', '문장 이해', 그리고 '첨삭'에 집중되었다. 다시 말해 출발 텍스트의 문장이나 단어, 표현을 이해하고 전달하는 문제, 출발 텍스트의 내용을 자의적으로 빼거나 더하는 문제가 중점적으로 지적되었던 것이다.

한편 도착 텍스트의 효율성 규범의 하위 영역으로는 표 5-2에 제시한 '텍스트 구성', '문장 구성', '단어 및 표현 구성'에 더해 '오탈자', '외국어 고유명사 발음 표기', '대우법', '역주', '띄어쓰기', '새로운 한국어 인지명 창조'가 추출되었다. 도착 텍스트의 효율성 규범을 반영하는 텍스트 구성, 문장 구성, 단어 및 표현 구성은 출발 텍스트를 기준으로 삼지 않고 온전히 도착어의 문제를 언급하는 번역 비평 지적 사항들을 포함한다. 오탈자와 띄어쓰기라는 하위 영역은 번역사의 번역보다는 편집인의 교정 교열 대상으로 여겨질 수도 있다.[37] 하지만 본 연구의 번

---

37) 내용, 구조, 스타일 등 광범위한 영역에서 편집과 감수 활동을 다룬 Mossop (2001)은 오탈자와 띄어쓰기 또한 편집과 감수 영역에 포함시킨다. 한편 호

역 평가 규범은 2장의 출판인 심층 면접에서 나타난 출판 번역 과정 전체를 대상으로 하고 있으므로 이들 영역을 도착 텍스트의 효율성 규범에 포함시켰다. 외국어 고유명사 발음 표기와 대우법은 출발 텍스트의 고유명사 발음을 그대로 옮겨주는 한국 출판 번역의 관행, 그리고 등장인물의 특성 및 인물들 사이의 관계를 반영하는 대우법이라는 한국어의 특징과 관련된 영역이다. 역주 영역은 번역사들이 도착 텍스트 독자들의 이해를 제고하기 위해 사용하는 역주와 관련된 문제들이다. 새로운 한국어 인지명 창조는 출발 텍스트의 고유명사를 도착어인 한국어로 바꾸어주는, 상대적으로 드문 현상에 관련된 영역으로 비평가 독자의 번역 비평에서 두 건이 나타나 별도 하위 영역으로 설정하였다.

도착 텍스트의 효율성 규범이 가진 하위 영역 중에서 번역 비평의 지적 사항이 가장 많았던 것은 단어 및 표현 구성이었다. 이는 출발 텍스트와의 관련성 규범의 경우와 일치한다. 독자들의 번역 비평이 단어와 표현 문제에 집중되어 있는 것이다. 단어 및 표현 구성 다음으로는 오탈자와 문장 구성 영역의 지적 사항이 많았다. 특히 오탈자 영역의 지적 사항은 무려 74개나 되었다. 단어 및 표현 구성과 오탈자, 문장 구성 영역의 지적 사항이 많다는 것은 비평가 독자들이 이들 영역에 보다 많은 관심을 가지기 때문일 수도 있지만 다른 한편 오늘날 한국의 출판 번역에서 이와 관련된 문제가 특히 많기 때문일 수도 있다. 본 연구의 분석 대상 번역 비평이 오류 지적에 치우쳐 있다는 점을 감안한다면 더더욱 그렇다.

배경 지식 규범의 경우는 지적 사항의 내용에 따라 가능한 한 세분한 결과 번역 평가 규범 중 가장 많은 12개의 하위 영역으로 나뉘었다. 12개 하위 영역은 '전문 용어', '신화 내용', '시대 배경', '대중문화/

주의 통번역사 자격 인정 국가 시험(NATTI)이나 한국번역가협회의 번역능력인증시험에서는 채점 기준의 하나로 오탈자와 띄어쓰기 문제를 포함시켜 이를 번역능력으로 보고 있다.

스포츠', '종교', '제도와 관습', '저자 및 관련 도서 지식', '지리', '고전 문학 지식', '자연 과학 지식', '예술'이다. 이들 하위 영역은 배경 지식이 요구되는 분야를 기준으로 나뉘었다. 그중 '제 3의 외국어 지식'은 출발 텍스트에 포함된 제 3의 외국어, 즉 출발어나 도착어 외의 언어를 이해하고 재구성하는 문제이다.

배경 지식 규범의 하위 영역 중에서 번역 비평 지적 사항이 많았던 것은 전문 용어와 신화 내용이었다. 신화 내용 영역의 지적이 많았던 데에는 분석 대상 번역 비평 중 신화 관련 서적을 다루는 경우가 세 건이나 있었다는 점이 영향을 미쳤다.

다음으로 윤리 규범에서는 애초에 상정했던 번역사 윤리 영역 외에 '편집인(출판사) 윤리'에 해당하는 지적 사항이 많이 나와 이를 별도의 하위 영역으로 두었다. 또한 비평가를 포함, 기타 관련인의 윤리에 대한 지적도 있어 '기타 관련인 윤리'로 구분하였다. 결국 윤리 규범은 번역사 윤리, 편집인(출판사) 윤리, 기타 관련인 윤리로 나누어진다. 그중 번역 비평의 지적 사항이 가장 많았던 것은 편집인(출판사) 윤리였다.

정책 규범에서는 표 5-2에서 제시했던 원본 도서 선택과 중역 외에 번역사 선택과 분책 출판이 더해져 총 4개 하위 영역이 만들어졌다. 비평가 독자들이 가장 많이 지적한 하위 영역은 번역사 선택이었다.

번역 평가 규범별 하위 영역들의 빈도 및 사례는 다음에서 구체적으로 소개하겠다.

1) 기본적 태도 규범

번역이 출발 테스트와 도착 텍스트 중 어느 쪽을 중심으로 삼아야 하는지에 대한 '기본 지향', 그리고 이와 관련해 특정 텍스트가 번역으로 인정될 수 있는지 아닌지에 대한 '번역 여부 판단'으로 나누어진 기본적 태도 규범의 경우 비평가 독자들의 번역 비평에서는 번역 여부 판단 영역에서 3개의 지적 사항이 나왔다.

본 연구의 출판 번역 규범 분석틀에서 기본적 태도 규범은 여타 규범들의 상위에 위치하는 추상적 성격의 규범이다. 비평가 독자들의 번역 비평에서 직접적으로 기본적 태도 규범을 드러내는 지적 사항들이 극히 적었던 이유는 번역 비평이 구체적인 문제 제기를 중심으로 하고 있기 때문이라고 설명된다.

표 5-4 기본적 태도 규범의 하위 영역 및 지적 사항 개수

하위 영역	해당 지적 사항 개수
1-1) 기본 지향	0
1-2) 번역 여부 판단	3
	계 3

또한 기본적 태도 규범의 번역 여부 판단 영역으로 분류된 지적 사항은 모두 첨삭, 즉 출발 텍스트에 없는 문장이나 내용을 도착 텍스트에 첨가하거나 출발 텍스트에 있던 문장이나 내용을 도착 텍스트에서 누락시키는 문제를 지적하면서 이러한 문제 때문에 해당 도착 텍스트를 번역으로 보기 어렵다고 지적한다(예 5-2~예 5-4).[38]

예 5-2

이 책은 (……) '시인'의 '작품'을 가능한 한 그대로, 그 문체, 그 분위기, 뉘앙스를 살려서, 시인이 전하고자 하던 바를 우리에게 고스란히 전해주려는 목적을 가진 책이 아니란 말이다. 이 책은 희랍/로마 신화에 관심 있는 독자에게, 몇 가지 얘기를 골라 그 줄거리를 대충 알려주는 책이다 (……) 이것이 '문학작품'의 '번역'이 아니라는 점은 누구에게나 분명하다.(번역비평 7)

---

38) 각 사례의 밑줄은 연구자가 넣은 것이다.

예 5-3

이 글은 <u>엄격히 말해서 번역이 아니라 황당무계한 억측을 가미한 패러프레이즈(paraphrase)</u>이다 (……) 원시(原詩)에 없는 날조된 것이 수두룩하다.(번역 비평 10)

예 5-4

정말 무책임하게 가지를 치고 표현을 빼먹고 번역이 되어 있는 것입니다 (……) 좀 심하게 말하면 문학작품의 문장을 정성껏 번역한다는 의식이 전혀 없이 <u>그저 내용만 대충 간추려서 쉽게 옮긴 번역</u>이나 다름없었습니다. 이래가지고서야 기존의 축약본과 뭐가 다르겠습니까?(번역 비평 44)

위의 세 사례는 모두 출발 텍스트에 대한 첨삭을 근거로 하여 도착 텍스트를 번역이라 보기 어렵다고 말하고 있다. 사례 수가 적고, 또한 번역 비평 7과 10이 동일 번역자 이윤기의 번역을 대상으로 한다는 점에서 추후 보완이 필요하지만 이 사례들은 비평가 독자들이 번역이냐, 아니냐를 판단할 때 첨삭을 중요한 기준으로 삼을 수 있다는 점을 시사한다.

2) 출발 텍스트와의 관련성 규범

출발 텍스트와의 관련성 규범은 텍스트 이해, 문장 이해, 단어 및 표현 이해, 첨삭, 형태 유지, 숫자 표기, 언어유희의 일곱 개 하위 영역으로 나뉘었다.

텍스트 이해, 문장 이해, 단어 및 표현 이해 영역에 해당하는 번역 비평 지적 사항은 모두 출발 텍스트에 대한 문법적·의미적 분석, 그리고 이를 바탕으로 한 이해의 문제를 다룬다.

첨삭은 출발 텍스트를 기준으로 했을 때 첨가되거나 누락된 내용을 지적하는 영역이다. 첨삭된 내용은 단어부터 문장, 단락에 이르기까지 다양하다.

　형태 유지는 출발 텍스트의 형태적 측면의 유지와 관련된 지적들로 텍스트 장르나 특성, 문장의 길이나 종류(서술문, 감탄문 등), 단어나 표현 등의 차원을 포괄한다.

　숫자 표기는 출발 텍스트에 포함된 숫자가 도착 텍스트에서 올바로 옮겨졌는지에 관련된 지적들이고 언어유희는 출발 텍스트에서 사용된 언어유희가 도착 텍스트에서 재현되는 문제를 다룬다.

표 5-5 출발 텍스트와의 관련성 규범 하위 영역 및 지적 사항 개수

하위 영역	지적 사항 개수
2-1) 텍스트 이해	7
2-2) 문장 이해	40
2-3) 단어 및 표현 이해	49
2-4) 첨삭	36
2-5) 장르 및 문장 형태 유지	18
2-6) 숫자 표기	9
2-7) 언어유희	4
	계 163

　출발 텍스트와의 관련성 규범에서 지적 사항이 가장 많이 나온 하위 영역은 단어 및 표현 이해였고 다음으로 문장 이해, 첨삭, 형태 유지의 순이었다. 이 중 첨삭은 김대진(번역비평 7, 22개)과 이재호(번역비평 10, 9개)의 지적이 전체 36개 지적 사항의 대부분을 차지해 편중된 경향을 보였다. 하지만 그 외 여섯 개 하위 영역에서는 이 같은 편중 현상이 없었다.

　단어 및 표현 이해와 문장 이해 영역의 지적 사항을 더하면 90개로 전체 출발 텍스트와의 관련성 규범의 55%를 차지한다. 다시 말해 출발 텍스트와의 관련성 규범으로 분류된 번역 비평 지적 사항의 절반 이상이 문장 이하 수준에서의 내용 전달을 문제 삼고 있었다.

각 하위 영역 별 지적 사항의 내용과 예는 다음과 같다.

2-1) 텍스트 이해

텍스트 이해 영역은 텍스트 범위에서의 의미 이해를 말한다.

예 5-5를 보면 science라는 단어의 번역을 문제 삼고 있다. 원칙적으로 이 단어는 '과학'이나 '학문' 모두로 번역 가능하다. 하지만 여기서 비평가 독자는 번역사의 '학문'이라는 번역이 기본 철학 사상의 이해를 방해할 수 있다고 지적한다. 한 단어의 번역이 텍스트 전체의 내용을 좌우할 수 있다는 문제 제기이기 때문에 텍스트 이해 영역으로 분류하였다.

예 5-5

원문) "Tout ce que je sais du monde, même par science, je le sans partir d'une vue mienne ou d'une expérience du monde sans laquelle les symboles de la science ne voudraient rien dire."

역본) "나는 내가 세계에 대해서 알고 있는 모든 것이, 비록 학문적 인식이라 할지라도, 나의 관점 또는 학문적 상징들이 의미 없는 것으로 되지 않는 세계의 경험에서 나온다는 것을 알고 있다."

① 우선 'science'를 '학문'이라고 새긴 것이 문제다. 바로 아래의 문맥을 보면 이 science에 해당되는 것들로 메를로-퐁티가 '동물학', '사회심리학', '귀납적 심리학' 등 흔히 우리말로 봐 인과적인 사실 과학으로 인지되는 이른바 '과학'으로 분류되는 것들을 제시하고 있는데도, 굳이 퐁티 자신의 철학마저 포함되는 뜻을 지닌 '학문'으로 번역했다는 것은 아무래도 이상하다. 이는 퐁티의 현상학이 기본적으로 인과결정론적인 과학적 사유와 대결을 벌인다는 점을 짐짓 도외시하거나 놓치고 있음에 틀림없다. (……) (번역 비평 5)

예 5-6은 원문 텍스트에서 작품의 주제 전달에 기여하는 seems와 is의 대비가 한국어 번역에서 제대로 살아나지 못한다는 문제를 지적한다. 이것은 전체 텍스트의 의미적 결속과 관련된 지적 사항이기 때문에 텍스트 이해에 해당한다.

예 5-6

'햄릿'을 우리말로 옮길 때 충실한 번역이 되기 위해서는 대강 뜻만 전달해서는 곤란하다. 가령 1막 2장에서 아버지의 죽음에 고통스러워하는 햄릿에게 어머니 거르투르드가 인간사에 흔한 죽음이 "어째서 네게는 유별나게 보이느냐?"고 묻자, 햄릿은 그렇게 '보이는(seems)' 것이 아니라 '사실이 그러하며(is)' 자신은 보이는 체하는 것을 모른다고 대답하는 부분이 나온다.

'seems'와 'is'가 대비되는 햄릿의 이 대사는 '외양'과 '실재'의 차이라는, 작품 전체를 관통하는 하나의 중요한 주제이며 향후 햄릿의 행동방식과도 상관이 있는 의미심장한 대목이어서 특별히 세심한 번역이 필요하다.

하지만 여러 번역본들이 이런 대비를 제대로 살려내지 못하고 두루뭉술하게 대강 뜻만 옮겨놓았다. "그렇게 보이든 안 보이든, 그건 제가 알 바 아닙니다"라는 식으로 오역해 햄릿의 생각을 정확하게 전달해주지도 못하고 있다.(번역비평 6 '햄릿')

이 두 예는 모두 전문가 독자의 번역 비평이다. 이는 텍스트 이해 영역에서 문제를 제기하자면 출발 텍스트의 전체 구조와 내용, 그리고 저자의 의도를 충분히 파악해야 하기 때문으로 보인다.

2-2) 문장 이해

문장 이해 영역의 지적 사항들은 출발 텍스트 문장의 문법적 의미적 분석 문제를 주로 다루고 있다.

예 5-7과 5-8은 문법적 구조 분석에서 발생한 오류를 지적한다. 예 5-7은 기원문을 파악하지 못하고 평서문으로 번역한 사례이고 예 5-8은 시제 파악에서 오류가 빚어진 경우이다.

예 5-7

p.303 위에서 둘째 줄 "blessed be He"라는 문장은 삽입된 기원문으로 여기서 He는 그 앞의 the Holy One 즉, 예수 그리스도를 가리키는 말이다 (He가 문장 앞이 아닌데도 괜히 대문자로 시작한 것이 아니다.) 따라서 번역은, "주님, 축복 받으소서(May He be blessed!)"이다. 이 문장을 "예수 그리스도가 와서 그를 축복했고" 식으로 번역해 놓았다.(번역비평 12)

예 5-8

101쪽 번역문: 당신은, 그리고 당신들은 내가 이 이미지들을 바라보면서 나 자신에게 계속해서 말하는 이야기들을 결코 모를 것이다.

원문 Ⅰ 페이지: Tu ne sauras jamais, vous non plus, toutes les histoires que j'ai pu encore me raconter en regardant ces images.

수정 번역문: 자네는, 그리고 당신/들 역시, 내가 이 이미지들을 바라보면서 나 자신에게 했던 모든 이야기들을 결코 알 수 없을 걸세.

이 문장은 데리다의 해설의 첫 번째 문장인데, 여기에서 문제는 시제가 잘못 번역되었다는 점이다. 불어 시제는 "ai pu"라고 해서 복합과거로 되어 있는데, 역자는 이를 "계속해서 말하는"이라고 번역하고 있다. 이 문장 이외에도 이 번역본에서는 간단한 불어 시제를 제대로 번역하지 못하는 경우가 여럿 보이는데, 이는 역자가 불어 능력을 제대로 갖추지 못하고 있음을 보여주는 하나의 증거로 볼 수 있다.(번역비평 14)

반면 예 5-9~예 5-11은 출발 텍스트의 문장이 전혀 엉뚱한 의미로 번역된 경우를 지적하는 사례들이다. 예 5-10의 경우에는 출발어 문장과 정반대 의미가 되어버리기도 한다.

예 5-9

"그때는 이미 날이 밝았었는데도 나는 태연했다. 왜냐하면 이때 나는 사람을 찾고 있지 않았으니까"(최익환 번역본). 이 문장은 "이미 날이 밝았음에도 불구하고 사람들이 보이지 않았다. 그러나 나는 아직 사람들과 만나고 싶지 않았기 때문에 별로 신경을 쓰지 않았다"는 뜻이다.(번역비평 6

'허클베리핀의 모험')

예 5-10

이 미남 청년신은 처녀를 뒤쫓으며 자기가 누구인지 거듭 소개하건만 처녀는 뒤도 돌아보지 않고 달아난다. "젊은 신 아폴로는 그런데도 입에 발린 아첨으로 낭비하는 시간을 아까워하지 않았다."(46쪽) 지난 번 글에서도 이 역자가 이따금 긍정과 부정을 뒤바꾼다는 점을 지적했었는데, 여기서도 비슷한 일이 일어나고 있다. 이 구절에 따르자면, 시간이 아깝지 않으니 계속 아첨을 했어야 하겠건만, 원문을 보니 반대로, 이 신은 "더 이상 달콤한 말로 시간 허비하는 것을 참을 수 없었다"라고 되어 있다(the youthful god could not endure to waste his time on further blandishments, p. 43, non sustinet ultra/ perdere blanditias, 1권 530-1행).(번역비평 7)

예 5-11

원문: He was trapped inside the Grand Gallery, and there existed only one person on earth to whom he could pass the torch.

오역: 박물관 대화랑에 갇힌 소니에르는 햇불을 건네줄 수 있는 지상의 유일한 사람이다.

본뜻: 소니에르는 박물관 대화랑에 갇혀있었고, 그가 진리의 햇불을 건네줄 수 있는 사람은 지구상에 단 한 명밖에 존재하지 않았다.

해설: 여기서 말하는 단 한 명은 이 책의 주인공 로버트 랭던을 말한다. 그의 존재를 암시하기 위해 쓴 글이다. 이 부분이 오역됨으로써 책의 복선(伏線)이 사라져 버렸고 더불어 독자들의 흥미도 반감되었다.(번역비평 37)

문장들 사이의 의미적 연결 관계가 사라졌다는 지적도 있다. 예 5-12는 이에 해당하는 사례이다.

예 5-12

'변신 이야기' 유노가 테이레시아스의 눈을 멀게 한 후, 유피테르는 그에게 보상으로 예언력을 부여하는데, 이 일은 이렇게 보고된다. "한 신이 매긴 죄값을 다른 신이 벗길 수는 없었다. 그래서 유피테르는, 보는 능력을 빼앗긴 테이레시아스에게 대신 미래를 예견할 수 있는 눈을 주었다."(128-9쪽) 첫 문장에서 원래 "한 신이 행한 것"(the actions of another god, p. 83, facta, 3권 336행)이라는 일반적인 말을, 너무 강하고 좁게 "죄값"으로 바꾼 것은 그렇다 하고, 내가 지적하려는 것은 두 번째 문장의 "유피테르"가 원래는 "전능한 아버지"(the omnipotent father, p. 83)였다는 점이다. <u>원문대로라면 "전능함"과 "할 수 없음"이 병치되어 아이러니가 생긴다. 그런데 역자는 친절하게도 그것을 고유명사로 바꾸었고, 그런 '문학적인' 효과도 없애 버렸다.</u>(번역비평 7)

2-3) 단어 및 표현 이해

단어 및 표현 이해는 출발 텍스트와의 관련성 규범에서 지적 사항이 가장 많이 나온(49개) 하위 영역이다. 지적 사항이 많아진 데에는 단어 영역과 표현 영역을 통합한 것도 영향을 미쳤다. 두 영역 모두 문장 이하 차원의 내용 전달과 관련된 지적이라는 점에서 굳이 분류할 필요가 없다고 판단되었던 것이다. 실제 분류 과정에서도 단어와 표현을 구분하려 시도했을 때 경계선이 모호해 혼란이 발생했다.

단어 및 표현 이해 영역의 지적 사항으로는 출발어의 단어 의미를 잘못 파악한 경우(예 5-13), 다의어의 뜻을 잘못 파악한 경우(예 5-14), 비슷한 형태의 단어를 혼동한 경우(예 5-15), 출발 텍스트의 표현을 제대로 이해하지 못한 경우(예 5-16, 예 5-17) 등이 있었다.

예 5-13

p.280 위에서 10째 줄, '서기' → '<u>notary public</u>'은 그냥 서기가 아니라 '<u>공증인(公證人)</u>'(우리나라에서도 법무사 사무실에서 많이 볼 수 있는)이란 뜻. '서기(書記)'는? '(a) clerk'.(번역비평 12)

예 5-14

아마도 역자의 실수 중에 가장 큰 것은, 북구 신화에 나오는 세계를 상징하는 나무, 즉 세계수(世界樹)의 하나인 "물푸레나무"(ash)를 "세계의 재"(175쪽, 233쪽 주 31), 366쪽)라고 잘못 옮긴 것이다. World Ash라는 말이 이 세계의 소멸을 나타내는 말 같아서 그랬을지 모르지만, 암염소 헤이드룬이 그것의 잎을 먹는다는 구절을 보면, 이것이 나무임은 쉽게 알 수 있을 것이다.(번역비평 8)

예 5-15

비슷한 말들은 자주 실수를 야기하는데, 이 책에서는 trident(삼지창)와 Triton(바다의 신)을 혼동하여 그림 설명이 우습게 된 사례가 하나 있다. (……) "조그만 삼지창에 의지한 채 테세우스가"(도판 244의 설명) 환대를 받고 있다고 나와 있지만, 바로 옆에 있는 그림 속의 테세우스는 칼을 차고 있을 뿐 삼지창 따위는 잡고 있지 않다. 한편 그의 발밑에는 조그맣게 그려진, 수염 난 반인반어(半人半魚)가 그를 떠받들고 있다. 그러니까 "삼지창"의 정체는 바로 이 반인반어 "트리톤"이었던 것이다.(번역비평 9)

예 5-16

예를 들어 1장의 'The Cab I had was a real old one that smelled like someone'd just tossed his cookies in it'에서 'just tossed his cookies'는 '토한다'는 뜻이다. 이 속어를 제대로 파악하지 못하고 잘못 옮긴 번역본들이 많다.(번역 비평 6 '호밀밭의 파수꾼')

예 5-17

p.326 밑에서 둘째 줄 "남용 가능성이 있는 적정량의 다음 물질들을 함유한" → 위의 영문은 "which contains any quantity of the following substances having a potential for abuse"이다. 어떻게 해서 'any quantity'가 '적정량'으로 둔갑을 했는가? 만약 그렇다면 그 다음 페이지의 결론이 날 수 없다. '어떤 양이라도 즉, 아무리 적은 양이라도'의 뜻이기 때문에 "마약판매원은 법을 어긴 것"이 되는 셈이다.(번역비평 12)

2-4) 첨삭

출발 텍스트와의 관련성 하위 영역 중 첨삭은 단어 및 표현 이해, 문장 이해에 이어 세 번째로 지적 사항이 많이 나온 영역이었다. 하지만 총 36개의 지적 사항 중 김대진(번역비평 7, 22개)과 이재호(번역비평 10, 9개)가 대부분을 차지해 편중 현상이 심하다. 번역비평 7은 '변신 이야기'를, 번역비평 10은 '변신 이야기'와 그 교과서 수록본인 '길잃은 태양마차'를 대상으로 삼았으므로 결국 번역비평 대상 도서와 대상 번역사(이윤기)는 동일하다고 할 수 있다.

하지만 첨삭 영역에서의 지적은 원문과 번역문의 상세한 비교 분석을 요구하는 작업이기 때문에 출판 번역의 비평가 독자라고 해서 누구나 할 수 있는 것은 아니고 따라서 이러한 편중 현상이 어느 정도는 불가피해 보인다.

첨삭 문제는 2장에 소개했던 출판 번역 규범 관련 연구들에서도 구체적으로 다루어지지 않고 있다. 기존 연구들은 특정 관심사에 따라 텍스트의 일부만을 분석 대상으로 삼았기 때문에 출발 텍스트와 도착 텍스트의 전체적이고 면밀한 비교를 통해서만 판단 가능한 첨삭 문제를 언급하지 못했던 것으로 판단된다.

예 5-18는 원문 텍스트에 없던 표현을 첨가한 부분과 원문 텍스트의 일부를 누락시킨 부분을 함께 지적하는 사례이다.

예 5-18

"유피테르는 곧 딸 디아나로 둔갑하여 처녀에게 접근하고는 물었다. '① 너는 어디에서 사냥을 했더냐?' 처녀가 (……) 대답했다. '어서 오소서, 귀하신 여신이시여. 저희들 보기에는 유피테르보다 귀하신 여신이여 …… ② <u>여신께서는 저희들에게는 유피테르보다 귀하신 것이 사실인데</u> 유피테르 신께서 들으시면 어때요?' ③ <u>잠시 디아나 여신의 모습을 빈</u> 유피테르는 이 말을 듣고 웃었다. 그는, 유피테르로서 받는 사랑보다, 디아나로 ④ <u>둔갑한 유피테르로서</u> 받는 사랑이 더 큰 데 만족하면서 이 처녀에게 입을 맞추었다. 그러나 이 입맞춤은, 처녀신이 시종인 요정에게 할 법한 그런 입맞춤이 아니었다. 처녀는 ⑤ 이상하게 여기면서도 숲 속에서 있었던 사냥 이야기를 시작했다. 그러나 ⑥ 디아나로 둔갑한 유피테르는 ⑦ 본색을 드러내었다."(84쪽)

첫 문장부터 원문의 단어들을 많이 뺐지만, 비슷한 사례를 이미 지적했으니 그냥 지나가자. ①에서는 "동료 중 가장 소중한 이여"(Dearest of all my companions, p.61, o comitum, virgo, pars una mearum, 2권 426행)란 말이 빠졌다. ②에서는 "사실인데"까지가 역자의(친절한, 그러나 불필요한) 삽입이다. 앞 문장과 거의 같은 것을 눈에 거슬리게 중복하고 있음을 볼 수 있다. ③의 "잠시 디아나 여신의 모습을 빈"과 ④의 "둔갑한 유피테르", ⑥의 "디아나로 둔갑한"도 역자가 넣은 것이다. 독자에게, '거참, 했던 말을 왜 또 하나' 하는 생각이 들면, 영락없이 역자가 개입한 것이다. ⑤의 "이상하게 여기면서도" 역시 원문에 없는 것을 역자가 넣은 것이다. ⑦에는 많은 구절이 빠졌다. "그러나 유피테르는 포옹으로써 그녀를 방해했다, 수치스런 행동으로 본색을 드러내었다"가 되었어야 했던 것이다(he prevented by his embrace, and betrayed his real self by a shameful action, p.61, inpedit amplexu nec se sine crimine prodit, 2권 433행).(번역비평 7)

여기서 비평가 독자 김대진은 번역사의 내용 첨가를 '눈에 거슬리는 중복'을 낳는 역자의 개입이라 평가한다. 한편 예 5-19는 한층 더 직접적인 역자의 개입을 보여준다. 없던 문장이 통째로 삽입된 것이다.

예 5-19

"오늘날의 이집트를 신화 시대에는 '아이귑토스'라고 불렀다. 이 아이귑토스에 헬리오폴리스라는 도시가 있었는데 '헬리오스의 도시' 또는 '태양의 도시'라는 뜻이다. 예수 그리스도도 어린 시절에 이 도시에 잠깐 머물러 산 적이 있는 것으로 전해진다."

"예수 그리스도도 어린 시절에 이 도시에 잠깐 머물러 산 적이 있는 것으로 전해진다."는 문장은 원문에 없는 말이다. 오비디우스(43 B.C.- A.D. 17)는 예수보다 서른아홉 살이나 위였고 '변신 이야기'가 완성된 A.D. 8년에는 예수가 아직 열두 살밖에 되지 않았고 오비디우스가 예수의 존재를

알지도 못했는데 이런 말을 썼을 리가 없다.(번역비평 10)

역자의 감상이 첨가된 것이 문제로 지적되기도 한다.

예 5-20

"세상을 태우던 불길이 하루만이나마 세상을 비추었다는 이야기가 <u>묘하</u><u>다</u>. 그러고 보면, 재앙이라고 해서 반드시 유익한 바가 없다고는 <u>할 수 없</u><u>는 모양이다.</u>"(78쪽)

전혀 '시'라고 할 수 없는 이 문장은,(당연히) 역자의 감상문이다. 물론 전부 지어낸 것은 아니고, 마지막 문장은 그래도 원문에 다소간의 근거가 있기는 하다. 그러나 그것은 아주 간결한 문장으로, '할머니 옛 이야기'조가 아니었다. "그래서 저 재난이 어떤 유용한 목적에 봉사하게 되었다"(so that the disaster served some useful purpose, p.59, aliquisque malo fuit usus in malo, 2권 332행) 정도랄까?(번역비평 7)

2-5) 형태 유지

형태 유지 영역으로 분류된 번역 평가의 지적 사항은 출발 텍스트의 장르나 구조, 문장, 단어 및 표현의 형태를 유지 혹은 변형시키는 문제를 다룬다.

예 5-21은 서사시인 원문 텍스트를 산문으로 번역하면서 행수를 표시하지 않았다는 점을 지적한다. 시로 번역하지는 못한다 해도 원문의 장르를 존중해 행수는 표시해주어야 한다는 지적이다.

예 5-21

이 작품은 원래 '서사시', 즉 '이야기 시'로서 운율이 있고, 시 행(行)이 있는 것이었다. 그래서 제대로 하자면 <u>원문에서처럼 번역에서도 행을 바꾸</u><u>어가며 인쇄하고, 몇 행마다 행 수를 써 넣어야 한다.</u> 그러나 행을 바꾸어 인쇄해 놓으면 독자들이 낯설어 하고 부담스러워 하기 때문에, 서양에서도 산문처럼 인쇄하는 경우가 많다.(어차피 운율도 구문도 다르기 때문에 시행도 정확히 맞출 수가 없다.) 그러나 그럴 경우에도 매 쪽의 위나 아래에 그 내용이 몇 행에서 몇 행까지인지 적어 놓기 때문에 독자들은 대충의 행수를 짐작할 수가 있다. 그런데 이 민음사 판에는 이 장치가 없기 때문에, 라틴어 원문과, 혹은 영어판 따위와 비교하고 싶어하는 독자도 도대체 자기가 어디쯤 와 있는지 알 길 없고, 따라서 비교할 길도 없다.(번역비평 7)

출발 텍스트의 문장을 그대로 유지해야 하는지, 변화시켜도 좋은지에 대해서는 다양한 주장이 나왔다. 예 5-22는 출발 텍스트의 문장 형태를 그대로 유지하기 보다는 필요한 경우 합치거나 나누어야 한다고 지적한다. 반면 예 5-23은 출발 텍스트 문장을 분할함으로써 도착 텍스트가 유치해졌다고 평가했다. 예 5-24는 문장 분할이 길이에 반영된 작가의 의도를 훼손시킬 수 있다고 지적한다.

각각의 주장에 대한 옳고 그름의 판단은 기술적인 규명을 목표로 하는 본 논문의 범위를 벗어나는 일이다. 다만 문장 분할이 형태 유지 영역의 요소가 된다는 점은 분명해 보인다.

예 5-22

바르네트의 마지막 문장 '베슈는 편지를 찢어버렸다. 그러나 직위는 승낙했다.' 를 보면 대부분 약간 어색하다는 생각이 들 겁니다. 이것은 <u>원문에 있는 그대로 두 문장으로 옮기신 것 같던데, 한 문장으로 합치셨어야 했습니다.</u>

프랑스어와 한국어는 구조가 확연히 다르기 때문에 원문을 그대로 옮기는 것은 사실상으로 불가능할 뿐더러 옮긴다 해도 어색한 문장이 되는 경우가 있습니다. 바르네트의 마지막 문장이 바로 이 경우죠.

이런 경우는 <u>원전번역을 과감히 포기하고 새로운 문장을 재창조해야 한</u>다고 봅니다. 원서를 그대로 옮기지는 않더라도 어떻게든 원서에 적힌 대로 해석이 되기만 하면 충분히 원문을 손상시키지 않는다고 저는 생각합니다.(번역비평 47)

예 5-23

영어식 문장이 우리나라에 이미 충분히 받아들여진 상태이며 전혀 어색하지도 않은데 그걸 굳이 지나치게 자연스럽고 짧고 유치한 문장으로 해야 하는지도 이해가 가지 않습니다.(번역비평 53)

예 5-24

이덕형(문예출판사)과 윤용성(문학사상사)의 번역본은 가독성을 높이려고 노력한 흔적이 돋보인다. 원문의 어감을 살리기 위해 문장을 자유롭게 변형하면서 자연스런 구어체 느낌을 살리려고 했다. 그러나 이 번역본들에서는 주인공의 내적 독백을 전하기 위해 작가가 의도적으로 선택한 긴 문단이나 문장을 편한 대로 나누어 처리한 대목이 많았다.

특히 원문에서 작가가 주인공의 의식상태를 표현하기 위해 일부러 중복해 표현한 부분을 하나로 통합해 번역하였다. 문장은 매끈해졌지만 결과적으로 원문에 충실하지 못한 결과가 되었다.(번역비평 6 '호밀밭의 파수꾼')

문장의 종류가 바뀌는 것에 대한 지적도 있다. 예 5-25의 경우 비평가 독자는 출발 텍스트의 평서문이 가정문으로 처리됨으로써 설득력이 줄어들었음을 지적한다.

예 5-25

And, after all, this opening chapter will seem to the reader to have nothing to do with my narrative; and yet there would have been no narrative without it, for it is only when a man goes out into the world with the thought that there are heroisms all round him, and with the desire all alive in his heart to follow any which may come within sight of him, that he breaks away as I did from the life he knows, and ventures forth into the wonderful mystic twilight land where lie the great adventures and the great rewards.

황금가지판의 번역자 이수영은 이 대목을 이렇게 번역했다.

'이 첫 번째 장이 앞으로 내가 하는 이야기와 전혀 상관이 없다고 생각할 수도 있다. 하지만 이 작은 사건이 아니었다면 이 이후의 이야기는 존재하지도 않았을 것이다. 왜냐하면 주변에 모험이 가득하다는 생각과 무엇이든 눈에 띄는 모험으로 뛰어들겠다는 욕망에 불타오르고 있지 않았다면 그토록 익숙해져 있던 생활을 내던지지 못했을 것이기 때문이다. 모험과 그 대가가 가득한 미지의 땅을 향해 그렇게 섣불리 뛰어들지 못했을 것이다.'

(……) 이수영은 "…… 하지 않았다면 …… 하지 못했을 것이다"라는 가정법을 사용했다. 분명 한국어로 읽는데 큰 지장이 없고, 나름대로 그렇게 표현할 수도 있다고 고개를 끄덕일 수도 있겠지만, 원문의 맛과 상당히 다르다는 점 역시 부인할 수 없을 것이다. <u>가정법을 사용함으로써</u> 스물세 살의 젊은 청년이 앞으로 겪을 모험에 기꺼이 몸을 내던질 의향이 있음을 보여주는 데에는 <u>부족한 느낌이 들기 때문</u>이다 (……) (번역 비평 45)

2-6) 숫자 표기

출발 텍스트에 포함된 숫자가 도착 텍스트에서 잘못 옮겨진 경우이다. 이를 출발 텍스트와의 관련성 규범으로 넣은 것은 숫자 표기의 옳고 그름 판단 기준이 출발 텍스트이기 때문이다.

예 5-26의 비평가 독자는 고전작품 '일리아스'의 권수를 나타내는 숫자가 잘못 쓰인 부분을 지적하며 여기서 권수는 곧 해당 권의 내용을 의미하는 것으로 쓰이기 때문에 단순한 실수에 그치지 않는다고 지적한다.

예 5-26

기본적인 고전작품 〈일리아스〉의 내용과 권수를 잘못 짝지은 경우도 있다. (……) 이 그림을 두고 이 책은 "도기의 다른 면에 프리아모스와 헤카베가 트로이 성문 앞에 서 있는 것으로 보아 제23권의 마지막 사건과 제24권의 사건이 서로 뒤섞였음을 알 수 있다"(233-234쪽)고 잘못 적고 있다. (……) 이 그림(도판 316)에 24권 내용과 섞여 나온 것은, <u>"23권"이 아니라,</u> <u>"22권"의 내용</u>이다. (……) 혹자는 22와 23은 겨우 1 차이이고, 별 의미 없는 단순한 오식인데 뭘 그렇게 열을 올리냐고 할지도 모른다. 그러나 이 실수는 겨우 1이라는 작은 숫자상의 차이 이상의 의미를 가지고 있고, 흔히들 생각하는 것보다는 더 크게 눈에 띄는 실수이다. 〈일리아스〉는 내용에 따라 권이 나뉘어 있고, 각 권은 전통적으로 숫자 말고도 그 권의 중심 주제로도 불리어왔기 때문이다.(번역비평 9)

연도 표기에서 숫자가 틀린 경우에 대한 지적도 4개나 되었다. 1800년대를 1900년대로 쓴다든지, 1700년대를 1900년대로 쓰는 등의 경우였다. 예 5-27과 예 5-28이 그 예이다.

예 5-27

Whitman의 소개에서 1892년 사망이라 적고, 뒤에 1973년 중풍에 걸렸다고 함―누구나 보아도 실수임을 알 수 있는 것으로, 이러한 사소한 것에서도 오류가 난다는 것은 교정을 본 것인지 의심스러울 정도임.(번역비평 43)

예 5-28

5권 열심히 읽고 있는데 자꾸 천구백년도로 나와서 짜증납니다. 1987년이라고 하질 않나 1988년이라고 하질 않나 …… 그럼 홈즈가 나랑 같은 세대란 말입니까?(번역비평 50)

2-7) 언어유희

언어유희는 번역하기 가장 까다로운 것 중 하나로 꼽힌다(Davies, 2003). 하지만 비평가 독자들의 번역 비평에서 언어유희를 지적한 경우는 4개 사례에 불과했다. 그중 3개는 번역 비평 12에서 나왔다. 이는 번역 비평 12의 대상 도서 '언어본능'이 번역 도서에 영어 원문을 함께 싣고 있었던 때문으로 보인다. 나머지 한 개는 번역 비평 6에서 나왔는데 '언어유희까지도 특별한 방법으로 살려냈다'는 긍정적인 평가일 뿐 구체적인 내용은 알 수 없었다.

예 5-29

　p.168 밑에서 4째 줄 '공을 던지라고' → 영문('to shoot the ball')을 보면, '슛(공)을 쏘라고'이다. 그래서 이 사람이 공을 겨냥해서 조준하고는 '빵'하고 총 쏘는 흉내를 내는 것이다. <u>이걸 단순히 '공을 던지라고' 식으로 번역해버리면 이 말장난을 알 수가 없다.</u>(번역비평 12)

3) 도착 텍스트의 효율성 규범

　도착 텍스트의 효율성 규범은 비평가 독자들의 번역 비평 지적 사항이 가장 집중되어 나타난 번역 평가 규범이었다. 도착 텍스트, 즉 한국어 번역 도서의 언어적 측면 및 의사소통 측면을 포괄하는 도착 텍스트의 효율성 규범은 출발 텍스트와의 관련성 규범과 마찬가지로 우선 텍스트, 문장, 그리고 단어 및 표현 수준으로 나뉘어 각각 텍스트 구성, 문장 구성, 단어 및 표현 구성이라는 하위 영역을 이루었다. 이와 함께 번역 비평 자료를 바탕으로 오탈자, 외국어 고유명사 발음 표기, 대우법, 역주, 띄어쓰기, 새로운 한국어 인지명 창조가 하위 규범으로 추출되었다.

표 5-6 도착 텍스트의 효율성 규범 하위 영역 및 지적 사항 개수

하위 영역	해당 지적 사항 개수
3-1) 텍스트 구성	36
3-2) 문장 구성	64
3-3) 단어 및 표현 구성	80
3-4) 오탈자	74
3-5) 외국어 고유명사 발음 표기	20
3-6) 대우법	16
3-7) 역주	12
3-8) 띄어쓰기	6
3-9) 새로운 한국어 인지명 창조	2
	계 310

　도착 텍스트의 효율성 규범에서 추출된 하위 영역 중 지적 사항이
가장 많았던 것은 단어 및 표현 구성이었다. 이 같은 결과는 출발 텍
스트와의 관련성 규범에서와 동일하다.

　단어 및 표현 구성 다음으로 번역비평의 지적 사항이 많았던 하위
영역은 오탈자(74개), 문장 구성(64개), 텍스트 구성(36개)의 순서였다.
단어, 표현, 문장, 그리고 텍스트에 이르기까지 도착 텍스트의 의사소
통에서 많은 문제가 지적된 것이다.

　외국어 고유명사 발음 표기 영역은 출발어 텍스트에 포함된 외국어
고유명사를 도착 텍스트에서 한국어로 표기하는 문제를, 그리고 대우
법 영역은 도착 텍스트에서 구현된 한국어의 대우법[39] 문제를 다룬다.

　또한 역주 영역에는 도서의 번역사 주에 관련한 지적들이, 새로운
한국어 인지명 창조에는 출발 텍스트의 외국어 인지명을 한국어로 새
로이 창조하는 것과 관련한 지적들이 포함되었다.

3-1) 텍스트 구성

　텍스트 구성은 문장이나 단락 수준을 넘어서 텍스트 전체의 의미적
결속에 영향을 미치는 도착어의 문제를 포괄한다. 텍스트 이해에 핵심
적인 용어나 개념의 번역: 자주 반복되는 용어의 일관된 번역, 텍스트
구성상의 문제 등이 여기 해당한다.

　예 5-30~예 5-32에서 비평가 독자들은 텍스트 전체에 걸친 용어나
개념의 통일 필요성을 지적하고 있다.

> **예 5-30**
> 　또 전체 줄거리의 핵심 개념 가운데 하나인 자오선 아래 숨긴 '쐐기돌'
> 도 그렇다. 끝에 가서 루브르의 뒤집힌 유리 피라미드를 발견하고 주인공

---

39) 대우법이란 사람들 사이의 종적 신분 관계(social status)와 횡적 친소 관계
　　(personal relationship)을 표현하는 언어 방법을 말한다(성기철, 1985, p.9).

이 야, 감동하는 것으로 결말이 나는데, 옮긴이는 <u>같은 말을 '명판'이나 '머릿돌'로 바꾸면서 독자들을 놀려먹는다.</u>(번역 비평 1)

예 5-31

이전까지 '장학사'로 번역되던 'inquisitor'가 15장의 예언자 일보 기사에서는 갑자기 도스토예프스키적인 분위기의 '대심문관'으로 번역되었습니다. (번역비평 17)

예 5-32

104쪽에선 영공 방위력, 105쪽에선 공중 방어력(번역비평 27)

예 5-33은 텍스트 앞부분에서 일어났던 사건을 뒷부분에서 잘못 언급하여 독자의 혼란을 야기하는 사례이다.

예 5-33

246쪽 19~20줄: 〈칼베이어는 처음 런던 땅을 밟았을 때 이시드로에게 충성을 맹세하고〉 칼베이어는 <u>이시드로에게 맹세한 게 아니라 그리픈(혹은 라이오넬)</u>에게 충성을 맹세했습니다.(번역비평 36)

한편 예 5-34는 도착 텍스트의 형태적 구성 면에서의 미흡함을 지적한다.

예 5-34

474: 주교 프랜시스 허친슨은~다음과 같이 썼다: '다음'이 어디까지인지 따옴표도 없고 전혀 알 수가 없네요.(번역비평 27)

3-2) 문장 구성

문장 구성의 번역 비평 지적 사항들은 문장의 문법적, 의미적 불명료성을 언급하고 있다. 여기에는 비문에서부터 의미가 모호한 문장까

118

지 모두 포함된다.

예 5-35와 예 5-36은 주술 관계가 맞지 않는 비문을 지적한다.

예 5-35

196:14 이 구절은, 나에게 교단의 회칙이 바로 그날 있을 사건의 불길한 징조로 들렸다.—'이 구절'과 '교단의 회칙'이라는 <u>두 개의 주어</u>가 있군요. (번역비평 26)

예 5-36

2권 220쪽에 '숀은 그의 눈에서 공포와 자기혐오가 가득 담겨져 있었다.' 이 말이 <u>어법에 안 맞아요.</u> 숀이 상대의 눈에서 그걸 느낀 걸 적은 건데 말이 맞으려면 자기혐오가 가득 담겨져 있는걸 알 수 있었다. 뭐 이 정도로 고쳐야 되지 않을까요.(번역비평 51)

예 5-37의 비평가 독자는 이해되지 않는 문장의 예를 들면서 '뜻이 통하도록 옮겨야' 할 필요성을 지적한다.

예 5-37

매끄럽지 못한 번역 탓에 이해하기 힘든 대목이 많았기 때문이다.

"소심한 열정을 자극하기 위해, 기대 속의 힘을 대담하게 하기 위해, 민주적 타협과 침체의 엄습에 열정과 힘을 주기 위해, 과거의 노고로부터 우리에게 베푼 능력을 명쾌하게 보여줄 필요가 있다"(151쪽)

"여러분은 여러분의 집에서 관리인의 행사에 대항하여 그 영향에서 벗어나거나, 아니면 이 수호신의 곁에서 여러분의 사면(赦免) 상태에 따라, 심술궂은 관리인에게 들볶이면 된다"(222쪽)

이게 무슨 소린지. 르 코르뷔지에의 글이 대화체의 연속인 데다 문장이 뚝뚝 끊어지는 데가 많아 번역이 고생스러웠을 것임은 충분히 짐작된다.

그러나 번역이 단순히 사전의 낱말풀이 조합이 아닌 이상 <u>뜻이 통하도록 자연스럽게 옮겨야 하는 건 기본</u>이다.(번역비평 4)

그런데 비평가 독자들 중에는 문장 구성의 문제를 '직역' 때문으로 분석하는 경우가 적지 않았다. 예 5-38과 예 5-39가 그러한 사례이다. 여기서 비평가 독자들은 이해하기 어려운 도착어 문장의 원인을 출발어 문장의 문법 형태 유지에서 찾는 듯 하다. 직역이라는 개념이 번역학에서 명확하게 정의되어 있지 못하지만 비문이나 명료하지 않은 문장까지 포함할 수 있을지는 의문이다.

예 5-38

동문선판, 268 종합에 대한 어떤 돈키호테식의, 게다가 안타깝게도 플라톤적인 그런 사고와는 반대로 모든 비평은 인위적인 분석이라는 고행에 따라야 하며, 분석 속에 제 방법들과 언어활동을 맞추어야 한다."

현대미학사판, 모든 비평과학은 이상적인 종합을 꿈꾸는 모든 돈키호테주의(게다가 이것은 안타깝게도 플라톤적인 것이다)에 대항해야 한다. 비평가들은 분석의 고행과 기법을 분석의 고행과 기법을 받아들여야 한다. 그리고 분석에 임한 비평가들은 방법들과 언어들은 자기 것으로 다듬어 익혀야 한다."

이 구절만 보아도 두 번역본이 어떤 식의 차이가 있는지 확연히 드러날 것이다. 동문선판은 직역투를 고집한 반면 현대미학사판은 그것을 의역을 했기 때문에 문장이 3개로 나뉘어져 길어졌다. 동문선판에는 주어가 '모든 비평은' 하나이지만 현대미학사판은 '모든 비평과학은'과 '비평가들은'의 3개이며 앞의 것과 뒤의 '비평가들은'의 경우 주어 주체가 다르다. 어떤 것이 올바른 번역인가? 원본을 보지 않아서 판단할 수 없지만 앞뒤 컨텍스트를 따져본 나로서는 후자의 것이 원본에 가까울 것이라고 판단한다. 우선 동문선판은 읽어봐도 무슨 말인지 알 수 없지 않은가. 이것을 단지 해석의 차이라고만 부를 것인가.(번역비평 13)

예 5-39

아쉬운 점은 정말 안정효 씨가 직접 번역한 것인가 하는 의문이 갈 정도로 직역에서 오는 '어수선함'이 자주 눈에 띈다. 예컨대 '이 장에서 나는 어느 주어진 조직과 관련된 개인들이 아니라 어느 설정된 개인과 관련된 조직들을 살펴보고 싶다'(189쪽), '저마다의 감정은 많은 사람들이 단독으로 보다는 협조함으로써 만족을 얻을 수 있는 범주에 포함되는 기회만 주어진 다면 그 만족을 얻기 위해 하나 또는 여러 조직들을 탄생시킨다'(164쪽) 등 아리송하게 턱턱 걸리는 부분이 너무 많다.(번역비평 2)

3-3) 단어 및 표현 구성

단어 및 표현 구성은 도착어인 한국어 단어와 표현의 사용에서 나타 나는 문제들에 대한 비평가 독자들의 지적 사항을 묶은 영역이다.

예 5-40과 예 5-41은 불명료한 단어와 표현을 지적하는 사례이다. 예 5-40은 문제의 해결책으로 한자 병기를 제안하고 있다.

예 5-40

p.16 중간 '제대포' → 한자로 '祭臺布" 또는 'altar cloth'라고 부기했으면 국어사전 찾는 수고가 줄었을 것이다.

p.17 위에서 7째 줄 '주간 드라마' → 우리나라에서처럼 일주일에 한번 한다는 주간(週刊)인가? 아니면 낮에 한다는 '주간(晝間: soap opera)'인 가?(번역비평 12)

예 5-41

〈그녀를 쳐다보다가 짤막하게 고개를 끄덕였다〉, 〈그래서 저조하고 침울 해졌는데(60p)〉 등에서는 어떻게 짤막하게 고개를 끄덕일 수 있는지, 저조한 것은 기분이고 침울한 것은 그녀가 아닐지, 축약해서 사용하는 것이 이야기 를 이해하는 데는 별로 어려움은 없긴 하지만 말이다. 번역의 허술한 면을 한 작품에선 너무 자주 대한다는 것 자체가 새삼 놀라왔다.(번역비평 52)

지나친 외래어나 지나친 한자어 사용에 대한 지적도 나왔다(예 5-42, 예 5-43).

예 5-42

<u>충분히 번역할 수 있는 외래어를 그대로 표기한 것</u>이 많이 발견 됩니다. 소피 느뵈가 과거를 회상하는 장면 중 사니에르가 소피를 자주 '프린세스 소피' 라고 부릅니다. 이는 그냥 '소피 공주' 라고 번역해도 내용 전개에 무방합니다. 또 사니에르가 시온 수도회의 '그랜드 마스터(Grand Master)'였다고 하는데, 역시 '그랜드 마스터' 가 아니라 '시온 수도회장' 정도로 번역해도 됩니다.(번역비평 37)

예 5-43

551: -이유가 나변(那邊)에 있겠어요? -너무 심한 한문 투가 아닌지?! (번역비평 26)

반면 지나치게 한국적인 단어나 낯선 고유 한국어 단어 사용에 대해 의문이 제기되기도 한다(예 5-44, 예 5-45).

예 5-44

한 분야에서 전문용어로 정착된 것을 생각 없이 다른 분야에 끌어다 쓰는 것도 경계해야 할 바인데, 가령 파에톤이 자기 아버지인 태양신을 찾아갔을 때, 그 신이 "보라색 용포를 입고"(62쪽) 있었다는 데에 그런 실수가 들어 있다. "용포"라면 동양에서 왕을 용으로 생각해서 그가 입는 옷을 이렇게 불렀던 것 아닌가? 그리고 또 그 옷에 실제로도 용무늬가 새겨져 있지 않았던가? 태양신이 용이 새겨진 옷을 입고 있었다고?(번역비평 7)

예 5-45

p.128 밑에서 두 번째 줄 '진흙탕 속에서 [노박이로] 비를 맞아 가며 차를 끌어내는 데는 20분이 걸렸고, …… 노박이로'가 뭘까 하고 한참을 들여다보다가 결국 사전을 찾아봤습니다. 노박이-로:(부) 줄곧 계속하여, 붙박이로 …… 뭐, 이런 뜻이더군요. 원서에 충실히 번역을 하셨는지는 몰라도 좀 뜬금없는 단어에 읽던 소설을 덮고 사전을 찾다가 그만 소설 읽는 맥이 풀리더군요. 뭐, 저만 몰랐던 단어일 수 있겠지만 …… 굳이 …… (번역비평 25)

한국어답지 않은 표현들도 지적된다. 예 5-46은 연어(collocation)의 문제를, 예 5-47은 직유법의 문제를 언급하고 있다.

예 5-46

다른 나라의 말을 우리말로 옮긴다는 것이 쉽지 않은 일입니다마는 제1권 39쪽 11행의 〈필수적인 분량의 칭찬을 받은 후에〉라는 데에 이르러서는 어이가 없더군요.(번역비평 43)

예 5-47

〈그녀는 고등어처럼 차가웠다.〉 혼절한 아가씨의 몸이 얼음장처럼 차가웠나 봅니다. 서양에서는 이 경우 얼음장 대신 고등어라는 표현을 쓰는지 모르겠습니다. 이런 경우 한국적인 표현으로 바꾸어 줄지 아니면 원어를 그대로 살려야 할지는 번역을 할 때 항상 겪는 문제지요. 그리고 선택은 역자에게 달려 있습니다. 이 부분을 어떻게 처리해야 할지 저도 잘 모르겠습니다만. 고등어라고 하면 차갑다는 인상보다는 등 푸른 생선이나 비린내 같은 것이 먼저 떠오릅니다. 누군가를 생선으로 비유한다면 펄떡펄떡 힘이 넘치는 활어처럼 생생한 상태이거나 동태눈처럼 멍한 상태, 아니면 기억이 3초인 붕어처럼 깜박하는 상태를 염두에 두지 않을까요. 고등어와 체온 저하가 바로 연결이 되는지요?(번역비평 39)

마지막으로 '글의 품격을 떨어뜨리는' 표현을 언급하는 경우도 있었다(예 5-48). 이는 문체의 문제로 볼 수 있다.

예 5-48

[곽정이 아래를 내려다보자 부랄이 서늘해질 정도로 ……] (……) 읽다 보니 화가 나더군요. 원문에 어떻게 적혀 있는지는 모르겠습니다. 본적도 없으며 봐도 번역할 능력도 없습니다만 원문에 그렇게 노골적인 표현이 있다 한들 군이 [부랄]이라고 노골적으로 써서 글의 품격을 떨어뜨려야 했는지 의문이 듭니다. 그냥 '소름이 오싹 들만큼' 혹은 '다리가 후들거릴 정도로' 같은 표현을 써도 충분할 텐데 말입니다.(번역비평 28)

3-4) 오탈자

잘못된 글자나 빠진 글자를 지적하는 영역이다. 도착어의 효율성 규범에서 두 번째로 지적 사항이 많았던 하위 영역이기도 하다. 오미환(2003, 7월 25일)도 출판 번역에 오탈자가 적지 않다며 교열의 중요성을 강조한 바 있다.

비평가 독자들의 번역 비평에서는 오탈자가 독서를 방해할 뿐 아니라(예 5-49) 내용 이해에까지 혼란을 줄 수 있다는 점(예 5-50)이 지적되었다. 이 밖에 병기된 외국어 원문에서 나타난 오탈자를 지적한 경우도 있었다.

예 5-49

오타가 너무 많더라구요 …… 어느 정도 있으면 그러려니 …… 하고 넘어갈 텐데.. 자꾸 나오니까 신경이 쓰이더라구요. 참다 참다 몇 개를 적습니다.

2권 221쪽에 '마치 벌어졌던 일인야 ……' 내용을 보면 '마치 벌어졌던 일인양 ……' 이렇게 되어야 할 것 같은데요.

238쪽에 '그가 날 죽일까 봐 겁이 나았어요.' 이 말도 '겁이 났어요'나 '겁이 났었어요.' 이렇게 해야 될 것 같은데요.(번역비평 51)

예 5-50

77쪽 밑에서 위로 3째줄 "돈릴로로 이와 비슷한 생각을 밝히면서~"

->돈릴로로가 뭐죠? 혹 돈릴로로"는"에서 "는"이 빠진 것 아닙니까? 아니면 "돈릴로"라는 수단으로 이와 비슷한 생각을 했다는 것입니까?(번역비평 54)[40]

3-5) 고유명사의 외국어 발음 표기

인명이나 지명 등 번역 도서에 포함된 외국 고유명사의 표기에 관련

---

40) 편집자 응답에 따르면 이는 '돈릴로도'의 오타이다.

된 문제이다.

예 5-51과 예 5-52는 한국어에서 정해진 표기 방식을 따르지 않는 문제를 지적한다.

예 5-51

저명한 학자의 이름도 엉터리다. 책에는 '토마스 말투스'란 이름이 되풀이해서 등장한다. 알고 보니 그는 '인구론'의 저자인 토머스 맬서스였다.(번역비평 3)

예 5-52

p.48 중간 및 p. 88 '나바조' → 인디안 부족 이름 '나바호(Navajo)'. 웬만한 사전에 다 나온다. 지금도 아리조나주 '모뉴먼트 밸리(Monument Valley)' 부근에 살고 있다.

p.73 맨 위 '라 졸라' → '라 호야(La Jolla: 샌디에고 바로 위에 있는 지명으로 스페인어에서 왔음. 이 지명을 딴 미 해군의 군함이 몇 년 전 부산에 기항했을 때 우리 신문들은 정확하게 '라 호야'라고 했었음)(번역비평 12)

예 5-53 역시 정해진 표기 방식을 따르지 않는 예인데 출발어가 스페인어인 번역에서 영어 인명을 스페인 식으로 표기한 문제가 지적된다.

예 5-53

엘리자베스 여왕의 호칭을 스페인어식인 이사벨 여왕이라고 그대로 내보내는 것과 찰스 황태자를 역시 까를로스 황태자라고 번역하는 것은 어이가 없다.(번역비평 20)

3-6) 대우법

한국어의 대우법은 등장인물들 간의 상하 관계와 친소(親疏) 관계를 드러내는 중요한 수단이다. 대우법은 문법적 방법(종결 어미와 선어말 어미)과 어휘적 방법(동사나 명사, 조사)으로 실현된다(성기철, 1985:

p.9). 이 중 비평가 독자들은 부적절한 종결 어미의 문제를 주로 지적하고 있다.

예 5-54에서는 하오체 대화가 대화 참여자들의 상황에 맞지 않는다는 점이 지적된다. 예 5-55 역시 대화문을 예로 들어 화자의 특성을 드러내기에 적합한 종결 어미 문제를 제기한다.

예 5-54

프로도와 파라미르가 대화하는 장면에서도, 파라미르는 인간이고 왕자이고 여러모로 자기 자신에 대해 프로도보다는 자부심을 가질 이유가 많은 사람입니다. 그런 파라미르가 그저 halfling이라고 얼마간 속되게 일컬어지는 종족의 프로도, 그것도 자기 재량에 목숨이 달린 일종의 <u>포로에게 하오체를 쓸 이유는 없다</u>고 생각됩니다. 프로도 역시 자기 자신도 스스로가 반지원정대의 임무를 끝까지 수행해 낼 자신이 없어 하고 있었고, 그런 상황에서 포로가 되었고, 미나스 티리스로 보내져서 해명하고 어쩌고 할 시간이 아까운 상황에서, 그리고 보로미르의 예에서처럼 반지를 빼앗길지도 모르는 <u>위태로운 상황에서 그가 파라미르에게 하오체를 쓸 수 있었다고는 생각되지 않는군요.</u> 그저 파라미르는 부하들에게 하는 것처럼 반말을 쓰고 프로도는 '합니다' 대신에 '해요' 정도를 쓰는 게 더 자연스럽지 않습니까? (번역비평 53)

예 5-55

홈즈의 대사 종결 어미에 집중해 봅시다.

황금가지: "그래, 왓슨. 그런 적 없네. 물론 자네에게 쓴 편지는 거짓 없는 사실이었네. 나는 고(故) 모리어티 교수가 흉악한 얼굴을 하고 하나뿐인 협소한 탈출로를 막아선 걸 보고 내 인생은 끝났다고 생각했지. 그의 회색 눈에는 냉혹한 경의가 빛나고 있었네."(P.18)

시공사: "그래, 떨어지지 않았어, 왓슨. 그렇지만 내가 자네에게 쓴 편지는 진짜야. 안전한 곳으로 통하는 좁은 길목을 모리아티 교수가 막고 서 있는 것을 보았을 때, 나는 내 생애도 이것으로 끝장이라는 것을 똑똑히 깨달았지. 나는 그의 회색 눈 속에서 그의 목적을 읽었어."(P.18~19)

이 대사는 앞으로 십여 줄 더 이어집니다. 그리고 그 긴 대사 내내 황금 가지 판의 홈즈는 '~했네.'라는 종결 어미를 사용합니다. 그리고 시공사 판의 홈즈는 '~했어.'라는 종결 어미를 사용합니다. 역시 어느 쪽이 19세기 영국 신사 둘의 대화에 어울리는 종결 어미인지는 여러분들의 판단에 맡기죠. 제 경우는 시공사 판을 읽는 내내 〈영혼의 물고기〉에서 할머니 어투가 생각나서 곤혹스러웠습니다.(번역비평 50)

예 5-56은 호칭과 종결 어미들의 부조화 문제를 지적한다.

예 5-56

"신사 여러분, 지금 두 시다. 올라가서 교수님과 이야기를 매듭짓도록 합시다."

…… 신사 여러분, 해놓고 '두 시다'라니. 이건 마치 "제군들! 지금부터 점호다!" 같잖습니까.(번역비평 49)

한편 예 5-57은 서열 관계를 드러내는 한국어 표현 '형님'을 사용한 것에 의문을 제기한다. 이 역시 인물들 사이의 관계를 드러내는 방식이라는 면에서 대우법 영역으로 구분하였다.

예 5-57

도대체 뭣 때문에 있지도 않았던 형님 운운해가며 한국 버전 조직체계를 집어넣은 건지. 아니, 일본 야쿠자 계에서도 오야봉 따위의 말이 있는지 모르겠지만 미네상의 와일드 어댑터에서 쿠보타 마코토를 부르는 노부오의 존칭은 '쿠보타 씨'면 충분하다. 일부러 '형님'이라는 건 …… 조금 어이없을 만큼 느껴진다.(번역비평 16)

3-7) 역주

비평가 독자들의 지적 사항 중에는 번역사 역주에 관한 내용도 12개나 되었다. 필요한 역주가 없다는 지적이 많았지만 지나친 역주, 이해를 오히려 방해하는 역주에 대한 언급도 있었다.

예 5-58은 역주의 필요성을 지적한 경우이다.

예 5-58

스쿼세이션(squassation): 이렇게 발음만 적어 놓으면 독자들이 뭔지 압니까? 역주 필요.(번역비평 27)

예 5-59에서는 역주에 정작 필요한 내용이 포함되지 않았다는 점이 지적된다.

예 5-59

번역의 몫이 기대에 못 미친 것은 역주에서도 드러난다. 알프스 산맥의 댐 건설 현장에서 '바랄라를 건설한 거인들에 대한 4부작 가극을 떠올린다'는 구절(155쪽)의 '바랄라'에 붙은 역주는 '스칸디나비아의 신화로, 영웅적 전사자가 가는 천국'으로 되어있다. 이 구절은 <u>바그너의 4부작 오페라 '니벨룽의 반지'를 언급한 것</u>이다. <u>정작 필요한 역주의 핵심이 빠진 셈</u>이다. (번역비평 4)

예 5-60과 예 5-61은 필요하지 않은 역주, 의사소통 측면에서 도움이 되지 않는 역주의 문제를 언급한다.

예 5-60

지나치게 세심한 번역은 혹시 지나치게 고난도의 유머를 우리가 놓칠까 <u>쓸데없는 각주까지 달아서</u>, 우리의 이해를 돕고 있으며, 또 결국 그 모든 에코의 인용들은 다 세상을 바라보는 또 하나의 시선에 불과한 것을.(번역비평 18)

예 5-61

이 문장에서 또 하나 지적해야 할 것은 역자가 이 문장에 붙인 다음과

같은 역주다. [역주: 사진이(시선이) 무엇인가를 암시할 때, 그것은 아무것
도 말해지지 않은 것이라고 데리다는 말한다. 달리 말하면 침묵 속에서만
사진의 시퀀스들은 암시되고 무엇인가를 말한다고 데리다는 말하는 것이
다. 이것은 데리다가 언어가 말하지 못하는 것을 사진 속에서 볼 수 있다
고 우선적으로 지적하려는 것이다. 언어는 워낙 그 속성이란 것이 말할 수
없는 것, 혹은 말해지지 않는 것이라고 데리다는 생각한다. 즉 언어는 어떤
한 단어로 말해질 때 그 단어 이외의 것으로 말할 수 있는 가능성을 배제
하고서야 그것이 가능하다는 것이다. 그러므로 말해진 것에는 더 많은 말
해지지 않은 것이 담지되어 있다는 것이 그의 주장이다. 언어에서나 사진
에서나 데리다가 그토록 자주 침묵을 이야기하는 것은 바로 이러한 이유에
서이다. 그러므로 사진에서 데리다는 언어를 통해 말해지지 않을 것을 말
하는 것을 목표로 할 것이다. 그러려면 사진은 말하지 않아야 하는 것이
다. 침묵을 통하여서만, 바로 말이 결하고 있는 것을 사진 속에서 볼 수
있다는 것이다.(163-164쪽)]

이 역주에서 볼 수 있듯이, 이 번역본에 달려 있는 <u>대부분의 역주들은
독자들이 문장의 의미나 데리다의 수사학적 어법 등을 이해할 수 있게 도
와주는 게 아니라, 오히려 데리다의 논의를 더욱 막연하고 모호하게 만들
고 있다.</u> 제대로 명료하게 이해는 되지 않지만 무언가 신비하고 심오한 것
을 전달하는 듯한 인상을 갖게 만드는 번역문, 그리고 이를 더욱 조장하는
역주들, 데리다가 선사(禪師)라도 된다는 말인가?(번역비평 14)

3-8) 띄어쓰기

띄어쓰기 영역의 지적 사항은 오탈자 영역과 마찬가지로 번역 혹은
편집 과정에서의 사소한 실수에 그치지 않는다. 예 5-62와 예 5-63에
서 보듯 이는 도착 텍스트의 의미 파악에 영향을 미칠 수도 있기 때문
이다.

예 5-62

p136: 세이 쇼나곤—성과 이름을 분리하여 표기한다면 세이 쇼나곤이 아
니라 세이쇼 나곤이 맞습니다.(번역비평 34)

예 5-63

'프리소 일당(free soil party)' —띄어 쓰기가 잘못되어 의미상 오류를
동시에 가져옴('프리소일 당'이란 원 뜻이 '프리소의 한 무리'로 뒤바뀜)(번
역비평 43)

3-9) 새로운 한국어 인지명 창조

새로운 한국어 인지명 창조 영역으로 분류된 번역 비평 지적 사항은
출발 텍스트의 고유명사를 한국어로 전환하는 문제를 다룬다. 여기 해
당하는 경우는 두 건에 불과했지만 모두 새로 만들어진 한국어 인지명
을 부정적으로 평가하고 있어 관심을 끈다(예 5-64, 예 5-65). 이는 3
장에서 소개했던 Mazi-Leskovar(2003), Wyler(2003), Davies(2003),
Inggs(2003) 등이 고유명사의 도착어 전환을 중요한 번역 전략으로 다
루는 것과 대조를 이룬다.

새로운 인지명 창조에 대한 비평가 독자들의 부정적 평가는 한국어
로 번역된 도서들 대부분이 출발 텍스트의 고유명사를 그대로 유지하
는 현실에 대한 한 가지 설명 가능성을 제시한다. 즉, 편집인이나 출판
사가 인지명을 비롯한 출발 텍스트의 고유명사를 도착 텍스트에 외국
어 그대로 옮겨놓는 것은 독자가 그렇게 기대하기 때문인 것이다.

예 5-64

캐릭터들의 이름이 좀 부자연스러운 게 그대로 그 이름을 썼음 좋지 않
았을까 하는 생각을 합니다. (……) 주인공 게드의 절친한 친구의 이름이
들콩(베치), 친구의 여동생 이름이 톱풀(애로우). (……) 왠지 어감이 너무
부자연스럽습니다. (……) 자주 나오는 이름들이 들콩과 톱풀이라고 하니까
왠지 모르게 거부감이 들더군요. (……) 여자애 이름이 톱풀이라 불리는 것
을 보고 눈물이 나더군요.(번역비평 48)

예 5-65

'무한해'와 '고난해'는? 모든 바다가 '해(海)'로 끝나기에 그렇게 하셨다는
데, 그렇다면 차라리 다른 바다를 '~바다'로 끝나게 하면 되지 않습니까?
(……) '무한해'와 '고난해'는 <u>어쩐지 코미디 같습니다.</u>(번역비평 50)

4) 배경지식 규범

번역 비평의 지적 사항을 번역 평가 규범 분석틀에 따라 분류하는
과정에서 새로이 추가된 규범인 배경지식 규범은 번역 과정에서 관련
배경지식이 제대로 반영되었는가의 문제이다.

배경지식 규범은 번역 비평에서 세 번째로 많이 지적된 규범이다.
그 하위 영역은 지적된 배경지식의 영역에 따라 전문 용어, 신화 내용,
시대 배경, 대중문화/스포츠, 종교, 제도와 관습, 제 3의 외국어 지식,
저자 및 관련 도서 지식, 지리, 고전작품 지식, 자연과학 지식, 예술의
총 열 두 개로 세분되었다.

표 5-7 배경지식 규범 하위 영역 및 지적 사항 개수

하위 영역	해당 지적 사항 개수
4-1) 전문 용어	11
4-2) 신화 지식	8
4-3) 시대 배경	5
4-4) 대중문화/스포츠	5
4-5) 종교	5
4-6) 제도와 관습	3
4-7) 제 3의 외국어 지식	3
4-8) 저자 및 관련 도서 지식	3
4-9) 지리	2
4-10) 고전 문학 지식	2
4-11) 자연 과학 지식	1
4-12) 예술	1
	계 49

각각의 사례를 간단히 살펴보면 다음과 같다.

해당되는 지적 사항의 개수가 가장 많은 것은 전문 용어 영역이었다. 전문 용어 영역의 지적 사항들은 각 분야에서 확립되어 쓰이는 용어가 번역에서 제대로 사용되지 못했다는 점을 언급한다. 예 5-66은 철학 용어의 문제를 다룬다.

예 5-66

저자는 우주의 발생에 대해 설명하면서, 하나가 여럿으로 분화하는 단계에 모든 것을 결정하고 계획하며 정리하는 존재가 있다고 설명하고 있는데, 이 존재는 이 책에서 "냉정한 주모자"(Unmoved Mover) (276쪽)라고 옮겨졌다. (……) 이것은 아리스토텔레스의 유명한 개념으로서, 모든 원인들의 최종적 원인인 어떤 존재, 다른 것들의 원인이 되지만, 그 자신은 그 어떤 것의 촉발도 받지 않는 존재이다. 그래서 철학하는 사람들 사이에서는 대개 이것을, 다소간 오해의 소지가 있기는 하지만, "부동(不動)의 원동자(原動者)"라고 부른다.(번역비평 8)

배경지식 규범에서 전문 용어 다음으로 지적 사항이 많았던 것이 신화 내용 영역이었다. 지적 사항들은 모두 신화와 관련된 도서를 대상으로 삼았던 번역 비평인 번역 비평 8, 9, 10에서 나왔다. 예 5-67는 신화 내용 영역 지적 사항의 한 예이다.

예 5-67

페르세우스가 자신의 외할아버지 아크리시오스를 "고리로"(120쪽) 우연히 죽였다고 한 것도 신화내용을 잘 모른 데서 나온 오역이다. 이 아크리시오스는 다나에의 아버지로서, 딸이 아이를 낳으면 그 아이가 자신을 죽이리라는 예언 때문에 딸을 청동탑 속에 가두었던 인물이다. 그러나 날씨와 비의 신인 제우스가 황금의 비로 변하여 다나에를 임신시키고, 아이가 태어나자 아크리시오스는 모자(母子)를 상자에 담아 바다에 띄워버리지만, 결국 그 아들 페르세우스는 훌륭한 영웅으로 성장한다. 후에 페르세우스는 운동경기에 나가 원반던지기에 참가하는데, 그가 던진 원반이 우연히 외할 아버지인 아크리시오스에게 맞아 그를 절명케 한다.(번역비평 9)

시대 배경 영역에서는 출발 텍스트가 쓰여진 시대, 혹은 배경으로 삼은 시대와 관련된 배경지식 문제가 지적되었다. 예 5-68이 그 예이다.

예 5-68

'위대한 개츠비'의 오역들 중에는 시대배경을 제대로 이해하지 못해 비롯된 것들이 많다. 대부분의 번역자들은 '캐나다로 연결되어 있는(술을 들여오는) 지하 파이프라인'을 '캐나다로 통하는 지하정보망'이라고 잘못 번역했다. (……) 금주법이 시행된 1920년대 미국의 시대 배경을 제대로 이해하지 못한 경우다.(번역비평 6 '위대한 개츠비')

대중문화/스포츠 영역은 스포츠를 포함해 대중문화 관련 지식과 관련된 문제이다. 예 5-69는 스포츠 용어를, 예 5-70은 대중문화를 언급한 예이다.

예 5-69

3장에서 "그리고 재 런던 아일랜드인 클럽에서 매주 세 쿼터씩 센터로 뛰는 사람이란 말입니다."라고 나온 부분 말입니다. 원문이 "and play center three-quarter every Saturday for the London Irish."인데요, center three-quarter는 럭비의 포지션 명입니다. 그러므로 저 부분은 "세 쿼터씩 센터로 뛰는 사람"이 아니라 "center three-quarter로 뛰는 사람"으로 번역되어야 합니다.(번역비평 44)

예 5-70

p.275 중간 아래쯤 나오는 'Emily Litella'와 '새터데이 나이트 라이브', '질다 라드너 역을 맡은 배우' → 질다 라드너(Gilda Radner: 1946~1987)가 실존했던 여배우, '새터데이 나이트 라이브'는 지금도 계속되고 있는 TV

Show이고, 'Emilly Litella'는 질다 라드너가 분(扮)했던 '(귀가 먹은) 극중 인물'이다.(번역비평 12)

　종교 영역은 종교와 관련된 배경 지식 지적 사항을 모은 것이다. 예 5-71은 '동방 정교회 및 그리스 정교회'라는 표현은 결국 동어 반복에 불과하다는 점을 지적하고 있다.

　예 5-71
　640:6 - 동방 정교회 및 그리스 정교회-"이명동물"이 아닌지?(번역비평 26)

　제도와 관습 영역에는 법령이나 훈장의 명칭을 제대로 옮기지 못한 경우, 인용된 국가(國歌)의 일부를 적절하게 옮기지 못한 경우(예 5-72)의 지적 사항이 포함된다.

　예 5-72
　p.240 맨 위 [오, 새벽의 이른 불빛으로 볼 수 있는지 말해줄래요?] → 이 문장은 미국 국가의 첫 소절 [Oh, say, can you see, by the dawn's early light]로 "(어제 저녁 석양빛에 마지막 본, 우리가 자랑스레 붙잡고 지키던 그것(성조기)을) 오늘 아침 이른 새벽빛으로도 여전히 볼 수가 있는지, 그대여 말하라!"라는 뜻. 누가 우리 애국가를 "대한 사람 대한으로 길이 보전할까요?" 그러면 기분 나쁠 것이다.(번역비평 12]

　제 3의 외국어 지식 영역에서 나온 지적 사항으로는 그리스어의 어원을 잘못 파악한 경우, 존재하지 않는 그리스어를 번역사가 만들어낸 경우, 중국어 단어의 의미를 잘못 옮긴 경우가 있었다. 예 5-73은 마지막에 해당하는 사례이다. 이 구절은 영어를 출발어로 하는 원문 도서에서 두보의 시 여야서회(旅夜書懷)를 인용한 것이다.

> **예 5-73**
>
> 56: 달이 뛰어오른다 황하 강의 흐름 속에 ……〉 황하가 아니라 양쯔강
> 임(번역비평 27)

저자 및 도서 지식 영역의 번역 비평 지적들은 원본 도서의 저자나
도서 관련 배경지식 문제를 언급한다. 예 5-74에서 비평가 독자는 번
역사에게 '스리지'라는 지명과 관련된 정황 지식이 부족했던 탓에 이해
하기 어려운 번역이 되었다고 지적한다.

> **예 5-74**
>
> 34쪽 번역문: "제가 오래 전부터 말씀 드렸듯이 S.I.E.C.L.E라는 단어의
> 각 글자는 장차 어떤 특이한 모험—즉, 지식인들의 사회성, 교환, 협동, 장소
> 들, 확장들—의 대문자 약호나 표시—우리는 이 점을 터득하고 있습니다-
> 가 될 때 스리지가 지적인 삶의 한 세기를 위해 의미하게 될 바를 반세기의
> 현존을 넘고 관통해서 몇 주 후에 우리는 축하할 것이기 때문입니다."
>
> 이 부분은 <u>스리지에서 4차례에 걸친 데리다 관련 학술회의가 개최되었
> 고, 따라서 각 회의마다 대략 10여 일씩 40여 일 간 데리다가 스리지에 참
> 석했음을 시사하고 있는 부분</u>이다. 4차례나 자신을 주제로 한 학술회의가
> 스리지에서 열렸다는 것은 학자로서는 대단한 영예임이 분명하기 때문에,
> 데리다는 이에 관해 관련된 사람들에게 감사의 표시를 하고 있고, 또 이를
> 실마리 삼아 언어적이고 정치적인 논의를 곁들이고 있다. 그렇지만 번역본
> 에서는 이런 사정이 전혀 고려되지 못해, 도무지 무슨 말인지 이해할 수
> 없게 번역되어 있다.(번역비평 11)

지리 영역은 지리적인 배경 지식에 관련된 지적 사항들을 포함한다.
예 5-75가 한 예이다.

> **예 5-75**
>
> p.1, 16: 류큐제도(오키나와의 별칭)-별칭이 아니라 오키나와의 옛이름

이라고 해야 됨.(번역비평 31)

자연 과학 지식 영역에서는 자연 과학적 배경지식 미비로 번역에 잘 못된 정보가 포함되었다는 문제가(예 5-76), 고전 문학 지식 영역에서는 고전 문학과 관련된 배경지식 문제가(예 5-77), 예술 영역에서는 미술 작품의 제목과 관련된 문제가(예 5-78) 각각 지적되었다.

예 5-76
아마데라스가 이집트에서는 "작은 개자리의 시리우스의 여신"(212쪽)이며, 이것은 토지를 비옥하게 하는 나일 강의 범람을 예고하는 역할을 한다고 번역되었지만 시리우스는 큰 개 자리의 별이며, 작은 개 자리의 일등성은 "프로퀴온"(희랍어로 "앞잡이 개" 정도의 뜻이다)이다.(번역 비평 8)

예 5-77
이는 오비디우스의 [변신] 중에서 나르시스와 에코에 관한 이야기를 데리다가 자신의 작업의 화두로 이끌어 들이고 있는 부분이다. 그런데 번역문을 보자.
9쪽의 번역문: "내가 여기서 이 "변형들"을 보충적으로 강조하는 것처럼 보이는 까닭은 이 유명한 장면 속에서 모든 것이 어떤 "도래할" 호소 주위를 선회하기 때문이다."
보다시피 이 번역에서는 [변신]을 '변형들'로 표기하고 있어서 독자들이 이야기의 맥락을 이해하기 어렵게 만들고 있고, 내용상으로도 데리다가 하려는 이야기를 제대로 전달해주지 못하고 있다.(번역비평 11)

예 5-78
알만한 예술가 이름이나 지명 따위를 제멋대로 표기하는 건 눈감아 준다 쳐도, 가령 레오나르도 다 빈치가 그렸다는 그림 '매기에 대한 찬사(adoration of Magi)'는 좀 너무했다. Magi는 동방박사라는 뜻. 다 빈치가 피렌체에 있을 때 그렸던 '동방박사의 경배'를 이런 식으로 옮긴 것이었다. 그걸 '매기에 대한 찬사'라고 했으니 우리 독자 가운데 알아들을 사람이 거

의 없을 것이다.(번역비평 1)

5) 윤리 규범

본 연구가 4장에서 제안한 번역 평가 규범 분석틀에서의 윤리 규범은 독자, 비평가, 출판인 등 번역 과정 참여자에 대한 번역사의 윤리를 넓게 포괄하는 개념이었다. 그런데 번역 비평 분석 결과 윤리 규범으로 분류되는 지적 사항에는 번역사의 윤리뿐 아니라 편집인(출판사)의 윤리, 미디어나 출판 관련 단체의 윤리에 관련된 내용까지 포함되었다. 이 때문에 윤리 규범의 하위 영역은 번역사 윤리, 편집인(출판사) 윤리, 그리고 기타 관련인 윤리로 나뉘었다.

하위 영역 중 해당 지적 사항이 가장 많았던 것은 편집인(출판사) 윤리였다. 비평가 독자들은 출판 번역의 문제에 대한 최종 책임을 편집인(출판사)이 져야 한다고 생각하고 있었다.

표 5-8 윤리 규범 하위 영역 및 지적 사항 개수

하위 영역	해당 지적 사항 개수
5-1) 번역사 윤리	12
5-2) 편집인(출판사) 윤리	24
5-3) 기타 관련인 윤리	5
	계 41

5-1) 번역사 윤리

번역사 윤리에 포함된 비평가 독자들의 번역 비평 지적 사항으로 우선 첨삭과 관련된 것이 있다. 예 5-79와 5-80은 번역사의 자의적인 첨삭을 윤리적인 문제로 연결시킨다.

예 5-79

내가 제안한, 꼼꼼하고 정확해서 딱딱한 번역보다는, 이 책에 있는 것과 같은 구수하고 부담없는 번역을 더 좋아할 분도 틀림없이 있을 것이고, 어쩌면 그런 사람이 대다수일지도 모른다. 그러나 다른 한편 '꼼꼼함'과 '정확함'을 원하는 독자도 틀림없이 있을 것이다. 그런 분들에게 이것이 마치 그런 번역인 양 아무 경고도 없이 이 책을 내미는 것은 거의 '죄악'이다. 역자가 더하고 빼고 바꿨으면 적어도 서문이나, 후기에서라도 그것을 밝혀야 한다.(번역비평 7)

예 5-80

이렇게 된 근본 원인은 물론 번역을 각색 정도로 착각하고 있는 번역가 이윤기 씨 자신의 그릇된 번역관에 있을 것이다. 번역은 창작과 달리 어디까지나 원전에 충실해야 할 의무를 갖는다. 번역가 사진의 의견이 조금이라도 본문에 개입해서는 안 된다. 굳이 번역가의 해설이나 논평이 필요한 대목은 역자 주석으로 처리해야지 임의로 삽입한다거나 생략한다는 것은 도저히 있을 수 없는 일이다.(번역비평 10)

표절의 문제도 지적되었다. 예 5-81은 저작권 계약이 필요 없어 다양한 번역본이 존재하는 영미 고전문학의 경우를 비판하고 있다.

예 5-81

표절이 난무한 현상 (……) 어구와 표현을 약간씩 바꾼 위장 표절본을 다시 표절한 '표절의 표절', 여러 판본을 짜깁기한 '잡종의 표절'까지 생겨났다. 오식이나 오역의 대물림이 표절본 뿐 아니라, 꽤 양호한 것으로 평가받는 판본들에서 빈번한 것도 심각한 문제다.(번역비평 6)

한편, 번역사가 출발 텍스트에 대한 애정을 가져야 한다는 지적도 나왔다(예 5-82).

138

예 5-82

뤼팽 전집을 사랑하는 마음만이라도 가지고 있으면 문장 하나하나를 대충 보고 넘어가는 일이 없을 텐데 말입니다 …… 상당히 아쉽습니다.(번역비평 47)

5-2) 편집인(출판사) 윤리

편집인(출판사) 윤리에서는 오탈자 등 교정 교열의 책임 문제가 많이 언급되었다. 예 5-83과 예 5-84는 비평가 독자들이 출판 번역 교정 교열의 최종 책임자를 편집인(출판사)로 인식한다는 점을 보여준다. 이로 미루어 볼 때 최소한 비평가 독자들의 일부는 출판 번역이 번역사와 편집인의 공동 작업이라는 점을 인식하고 있다고 판단된다.

예 5-83

보다시피 이 번역본은 매 쪽마다 오역이 나오는 게 아니라 거의 매 문단마다 오역이 나올 정도로 번역에 문제가 많으며, 병기된 불어 철자들에 다수의 오류가 있고 상당수의 비문들도 존재한다. 이는 <u>출판사 쪽에서 거의 교열이나 교정을 보지 않았음을 말해준다.</u> 따라서 사정이 이렇게 된 데에는 역자만이 아니라 <u>출판사에게도 큰 책임이</u> 있다.(번역비평 14)

예 5-84

일반 대중들의 그 오자에 대한 불만이 돌아가는 곳은 <u>작가나 번역자도 아닌 출판사</u>라는 사실이, 이 출판사를 좋아하는 독자에게 조금은 가슴 아픈 일이 될 것 같습니다.(번역비평 49)

번역 도서를 번역, 편집하는데 충분한 시간을 투자하지 않는다는 문제도 지적되었다(예 5-85, 예 5-86).

예 5-85

도무지 납득이 가지 않는 것은, 이 책의 원서가 나온 지 채 1년이 되지 않았고, 따라서 거의 모든 데리다의 책들이 곧바로 번역되는 영어권에서도 아직 번역본이 나오지 않았는데, 왜 이 출판사에서는 이처럼 서둘러서 한글 번역본을 냈어야 했는가 하는 점이다.(번역비평 11)

예 5-86

허겁지겁 졸속 출판한 단테 클럽 편집진 보세요 (……) '단테 클럽'이 나오자마자 구입해서 흥분된 마음으로 책을 읽어 나갔습니다. 하지만, 마지막 책장을 넘기는 순간 치밀어 오르는 화를 어찌지 못했습니다. (……) 아무리 경기가 어려워 '지성' 보다는 '이익＋장사'에 치우친다지만 너무 하다는 생각이 듭니다. '다빈치 코드'가 출판되자 이와 비슷한 류인 '단테 클럽'을 서둘러 출판한 기색이 역력합니다.(번역비평 43)

또한 많은 비평가 독자들이 문제가 지적된 번역 도서에 대해 출판사가 재번역, 재출간, 절판 등 적절한 해결책을 취해야 한다고 촉구하고 있었다(예 5-87～예 5-89).

예 5-87

충심으로 건의하건데 이 책의 처음부터 끝까지 한 줄 한 줄 다시 번역하여 재출간하시기 바랍니다.(번역비평 27)

예 5-88

오역이라 인정했고 재출판한다면 마땅히 리콜해야 되는 것 아닌가?(번역비평 37)

예 5-89

이 책이 여전히 팔리고 있다는 사실에, 더욱이 데리다에 관한 책 중에서는 비교적 많이 팔리고 있다는 사실에 충격을 받았기 때문이다. 이 책은 (……) 데리다의 저작에 대한 가장 심한 오역의 사례로 간주될 수 있다.

이 책은 하루빨리 절판되거나 아니면 전면적으로 개역해서 재출간되어야 할 책이다. 문예출판사처럼 오랫동안 인문학의 발전을 위해 많은 노력

을 기울여온 출판사에서 <u>이런 책을 이처럼 방치해놓고 있다는 게 잘 이해</u>
<u>가 되지 않는다.</u>(번역비평 19)

5-3) 기타 관련인 윤리

번역사와 편집인(출판사) 외에 출판 번역의 다른 관련인과 관련된
윤리 규범도 있었다. 총 4건 가운데 비평가에 해당하는 것이 2건, 출판
관련 단체와 언론 매체에 해당하는 것이 각각 1건이었다.

비평가의 윤리 규범으로는 번역 비평의 대상이 번역자가 아닌 번역
결과물이어야 한다는 지적(예 5-90), 그리고 비평자의 역할에 대한 지
적(예 5-91)이 있었다.

예 5-90

덧붙이고 싶은 것은 우리의 <u>검토 대상이 개별 역자가 아니라, 최종 번역</u>
<u>결과물이라는 점</u>이다. 역자 이름이 도용된 것으로 확인된 경우도 있었거니
와 개별 번역자가 최선의 노력을 기할 번역 환경이 제대로 마련되지 않은
상황에서 번역의 문제를 역자의 문제로만 환원할 수는 없는 일이다.(번역
비평 6)

번역 비평이 번역사 개인에 대한 비판으로 받아들여질 수 있기 때문
에 비평가의 윤리 규범은 민감한 문제가 아닐 수 없다. 인터넷 등의
매체로 익명성이 보장된 최근에야 번역 비평이 늘어나게 된 상황도 이
와 관련되어 있을 것이다. 이는 '번역 비평이라는 활동 자체가 번역자
의 명예와 관련되는 민감한 사안이기 때문에 번역자의 이름은 밝히지
않겠다'고 한 박여성(2002)에서도 드러난다.

예 5-91

리뷰를 쓰는 자, 읽는 자가 목적하는 바는 그 책을 과연 살 가치가 있는
가 없는가를 알려주거나, 알고 싶어한다는 데에 있다.(번역비평 13)

출판 관련 단체와 언론 매체에 대한 윤리 규범 영역의 지적은 이들이 번역 도서의 선별 기능을 제대로 담당하지 못한다는 내용이었다(예 5-92, 예 5-93).

예 5-92

한 가지 더 어이없는 점은 [북 앤 이슈]라는 서평 전문지를 내는 한국출판인회의에서 <u>이런 참담한 오역본을 이 달의 우수도서로 선정</u>했다는 사실이다.(…) 이 달의 최악의 도서들 중 한 권으로 꼽힐 만한 오역본을 우수도서로 선정해놓으면, 이 단체의 권위를 믿고 이 책을 마음 놓고 사서 읽는 독자들이 입게 될 피해는 과연 누가 보상해줄 것인가?(번역비평 14)

예 5-93

미디어 리뷰를 보니 그럴 듯하게만 쓰여 있다. 그 사람들 진짜 제대로 읽은 것일까? 원서의 내용도 일반인한테는 그리 쉽지 않을 텐데 <u>엉터리 번역서를 읽고 그렇게 그럴 듯하게 추천사를 쓸 수 있는 것일까?</u>(번역비평 15)

6) 정책 규범

출판 번역과 관련해 출판인이 내리는 의사결정을 포괄하는 정책 규범에 해당하는 비평가 독자들의 번역 비평 내용은 번역사 선정, 원본 도서 선정, 분책 출판, 중역으로 나뉘었다.

총 15개 지적 사항 중에서 절대 다수인 11개가 번역사 선정 문제를 언급하고 있었다. 3장에서 소개했던 Toury(1995)의 예비 규범을 바탕으로 애초부터 하위 영역에 포함되었던 원본 도서 선정과 중역에 해당하는 지적 사항은 각각 하나씩에 그쳤다.

표 5-9 정책 규범 하위 영역 및 지적 사항 개수

하위 영역	해당 지적 사항 개수
6-1) 번역사 선정	11
6-2) 원본 도서 선정	1
6-3) 분책 출판	2
6-4) 중역	1
	계 15

6-1) 번역사 선정

번역사 선정과 관련해 다수의 비평가 독자들이 번역 도서의 특성에 적합한 전공이나 경력, 자질을 갖춘 번역사를 선정해야 한다고 지적하였다(예 5-94~예 5-96). 심지어는 시리즈 도서인 경우 다음번에는 번역사를 바꿔달라는 요구까지 나왔다(번역비평 47).

예 5-94

역자 약력을 보았다. 독문학 전공이다. 호프스태더는 컴퓨터 과학, 인지과학 전공의 학자이다. 수학이나 컴퓨터를 전공했어야, 아니 최소한도 상당한 지식이 있어야 이러한 서적을 번역할 수 있는 것이 아닐까? 좋은 책을 망쳐 버렸다.(번역비평 15)

예 5-95

사회학이나 기타 다른 분야의 서적이라면 대충 넘어가줄 수도 있겠지만, 영어권 국가에서는 'the Lord of the Ring" 만큼이나 오랜 기간 동안 스태디 셀러로 팔리면서 문학성에 있어서도 인정받은 분의 작품을 번역하는데, 기본적으로 문학적 소양이 좀 있으신 분이 번역을 하셔야 하는 거 아닐까요?(번역비평 40)

예 5-96

번역자의 경력이 책 자체의 비중에 비해 턱없이 모자란 경우가 허다합니다.(번역비평 43)

여러 명의 번역사가 동일한 저자의 작품 전집에 투입된 것에 대해서도 여러 명의 비평가 독자들이 문제를 제기하였다. 번역사마다 문체 등 서로 다른 특징을 가지기 때문에 전체적인 통일성을 기할 수 없다는 지적이었다. 예 5-97는 뤼팽 시리즈의 경우이다.

예 5-97

황금가지 판 뤼팽 시리즈의 번역이 어색해진 (……) 이유로는, 번역자들이 너무 많다는 점이 있습니다. 뒤쳐진 출간속도를 극복하기 위해, 여러 번역가들에게 작품 번역을 부탁했습니다. 이것이 번역을 더욱 어색하게 했습니다. (……) 번역자들마다 각각의 번역방식이 있으니 말입니다. 분명 한 작가가 집필한 작품이, 여러 사람들이 집필한 작품처럼 돼버립니다.(번역비평 47)

6-2) 원본 도서 선정

원본 도서 선정에서는 동일 출발 텍스트의 중복 출판에 대한 지적이 한 차례 나오는 데 그쳤다. 예 5-98은 기존에 번역 출간되었던 추리 소설들을 굳이 다시 출판할 필요가 있었는지 의문을 제기한다.

예 5-98

이미 값싼 문고판을 통해서 애거서 크리스티의 거의 모든 작품을 접할 수 있었던 추리 소설 독자들로서는 황금가지가 정식 계약을 통해 '이미 나온' 책을 상대적으로 비싼 가격에 다시 내고 있는 것이 불필요한 재간처럼 느껴지는 것도 사실입니다.(번역비평 46)

이외에 원본 도서의 선정에 관한 지적 사항은 없었다. 본 연구의 2장 3절에서 번역사들이 한국 번역 출판의 문제점 중 출발 텍스트 선정과 관련된 문제를 가장 많이 지적했던 것과는 대조되는 결과가 아닐 수 없다. 이는 본 연구에서 수집한 비평가 독자들의 번역 비평이 도서보다는 번역에 초점을 맞추고 있기 때문인 것으로 보인다.

6-3) 분책 출판

한 권짜리 원본 도서를 번역본에서는 여러 권으로 나누어 출판하는 정책에 대한 지적을 분책 출판으로 묶었다. 예 5-99와 예 5-100은 모두 분책 출판을 부정적으로 평가하고 있다.

예 5-99

원판은 한 권인 걸로 알고 있다. (……) 그런데, 우리나라에서는 웬일인가. 한 권의 영문판을 무려 네 권으로 엄청나게 늘여 잠시 화제가 되더니, 이번엔 무슨 작정이라도 한 듯 다섯 권을 만들어냈다. 문학수첩의 노력이 돋보인다. 한 권만 해도 7500원이라는 수입을 ……(번역비평 16)

예 5-100

『813』과 『호랑이 이빨』을 두 권 분책해서 냈으니 독자들이 선호하지 않는 것은 당연한 일입니다.(번역비평 46)

6-4) 중역

비평가 독자들의 번역 비평에서 중역에 대한 지적은 단 한 번 나왔다. 하지만 그 지적에서도 중역이 부정적으로 평가되지는 않는다(예 5-101).

예 5-101

역자는 불어판이 '느린 번역'의 미덕을 보여준다고 말하면서, 상대적으로 오역이 많았던, 그리고 이제는 절판되어 버린, 영어번역판을 대체하는 의미에서 이 책을 다시 낸다고 말하고 있다. 아아, 그러면, 왜 이태리어에서 직접 번역하지 않고 중역을 두 번씩이나 하는 거지라는 사사로운 의문이 발생하지만, 뭐 어떠랴 ……(번역비평 18)

본 연구의 번역 비평 대상 도서 중 중역은 번역비평 7의 '변신 이야기', 번역비평 18의 '세상의 바보들에게 웃으면서 화내는 방법' 그리고 번역비평 26의 '장미의 이름'의 세 편이었다. 하지만 번역비평 7이나 26의 경우에는 중역에 대한 언급이 전혀 없었고 18의 경우에도 가볍게 언급만 하고 지나가는 것으로 판단할 때 한국의 비평가 독자들은 중역을 그리 중요하게 인식하지 않는 것으로 보인다.

3. 독자들의 출판번역비평에 대한 편집인과 번역사의 응답 분석

이 절에서는 비평가 독자들의 번역 비평에 편집인 혹은 번역사가 응답한 22개 경우를 번역 평가 규범 분석틀에 따라 분석하겠다.

이러한 분석은 우선 비평가 독자 외에 편집인과 번역사라는 출판 번역의 또 다른 참여자들의 사고를 고려하여 출판 번역 평가 규범을 한층 더 구체화할 수 있는 가능성을 제공한다.

또한 비평가 독자와 편집인 및 번역사의 상호작용을 통해 비평가 독자의 번역 비평이 어떻게 받아들여지는지, 다양한 참여자들 간의 번역 평가 규범 역동성이 어떻게 나타나는지 살펴볼 수 있다. 사회 공동체의 규범이란 늘 협상과 변화의 과정을 겪는다. 번역 평가 규범 또한 여기서 예외가 아니다. 비평가 독자들의 번역 비평과 이에 대한 편집인과 번역사의 응답은 바로 그러한 협상과 변화의 과정을 엿보도록 해준다. 양측이 공유하는 사고가 무엇인지, 서로 다른 견해가 무엇인지 드러나는 것이다.

1) 번역 비평에 대한 편집인의 응답 분석

편집인(출판사)의 응답 중에서 가장 먼저 지적하여야 할 것은 비평

가 독자들의 번역 비평 결과, 재번역 혹은 개역본 결정이 내려진 경우
이다. 이는 번역 비평 3의 '붉은 여왕'[41], 번역 비평1과 37의 '다빈치
코드', 번역비평 27의 '악령이 출몰하는 세상'의 3건으로 번역 비평의
영향력을 잘 드러내준다. 편집인(출판사) 측의 재번역 혹은 개역본 결
정은 지적된 문제들에 대해 책임을 인정하고 대응 조치를 취한 것이므
로 윤리 규범의 편집인(출판사) 윤리 영역으로 분류된다.

그런데 '다빈치 코드'의 경우 본래의 번역사가 아닌 '스릴러 소설 전
문' 번역사가 전면 개역본의 감수를 맡는 것으로 발표되었다(김성희,
2005. 3월 7일).[42] 이는 정책 규범의 번역사 선정에서 이루어졌던 비평
가 독자들의 지적을 받아들인 것으로 해석할 수 있다. 하지만 다른 한
편 이는 번역사와 편집인(출판사) 사이의 권력 관계 면에서도 시사하
는 바가 있다. 새로운 '전문' 번역사의 감수 결정이란 번역 비평의 모
든 지적 사항에 대해 본래의 번역사에게 책임을 돌리는 것으로 해석되
며 이는 번역사의 종속적인 지위를 드러낸다고 여겨지기 때문이다. 이
는 본 연구 2장의 번역사 현황이나 편집인 심층 면접에서 나타나지 않
았던 측면이다.

다음으로 출판사 홈페이지에 실린 번역 비평에 대해 편집인이 답글
형식으로 응답한 12건의 내용을 살펴보면 가장 많은 것이 다음 쇄, 혹
은 다음 판에서 잘못된 점을 정정하겠다는 약속이었다. 12건 중 7건이
그러한 응답으로 예 5-102는 그 예이다.

예 5-102

박학한 지식을 바탕으로 편집자보다 더 꼼꼼하게 문장을 보신 듯 하군
요. 지적하신 사항들은 검토 과정을 거쳐 오류로 판단되는 부분은 새로 판

---

41) '붉은 여왕'은 심지어 도서 환불이라는 사상 유례없는 조치까지 취하고 있
  다(김영사 홈페이지).
42) 다른 두 권, 즉 '붉은 여왕'과 '악령이 출몰하는 세상'의 경우에는 재번역자
  가 누구인지 알려지지 않았다.

<u>을 찍을 때 수정하도록 하겠습니다.</u> 감사합니다.(번역비평 26에 대한 편집인 응답)

다음 쇄나 판에서 수정이 가능하다는 것은 출판 번역이 가진 또 하나의 특징으로 볼 수 있다. 이 특징에 대해서는 출판 번역 참여자들 사이에 다양한 견해가 나타난다. 다수의 편집인이 비평가 독자들의 지적 사항을 추후에 반영하겠다고 응답한 것을 보면 편집인들은 다음 쇄나 판에서의 수정이 충분한 책임 완수라 여기는 것으로 판단된다. 비평가 독자 가운데도 애초부터 다음 쇄나 판에서 수정해 달라는 부탁과 함께 지적 사항을 언급하는 경우가 여러 차례 있었다. 반면 이러한 편집인의 응답에 반박하는 비평가 독자도 있었다. 예 5-103에서 비평가 독자는 재판 때 수정하겠다는 응답을 적절한 의무 이행으로 받아들이지 않는다.

예 5-103
나중에 재판할 때 수정하겠다니? 편집자가 독자 서평자한테, 그것도 눈 앞의 문제가 번역 오류인 판에 이런 말을 하다니 도저히 믿기지 않고 (……) <u>이 책의 초판을 사게 될 독자는 그럼 뭔가?</u> 나중에 재판 찍으면 리콜하겠다는 말인가?(번역비평 12, 편집인의 응답에 대한 비평가 독자의 재응답)

이러한 사례들을 바탕으로 윤리 규범의 편집인(출판사) 규범에 '다음 쇄나 판에서의 수정'을 포함시킬 수 있을 것으로 판단된다.
한편, 비평가 독자들의 구체적 지적에 대해 편집인이 답변한 경우도 있었다. 예 5-104는 여러 명의 번역사가 동일한 저자의 작품 전집에 투입되었다는 비평가 독자의 지적에 대해, 그리고 예 5-105은 오류가 많다는 지적에 대해 편집인이 응답한 것이다.

예 5-104

번역자가 너무 많다고 하시는데, 많은 분량을 빠른 시일 내에 번역하기 위해서는 어쩔 수 없는 선택이었습니다. 기존 번역자 분들이 번역을 계속 하실 수 없는 상황이었기 때문에 어쩔 수 없이 다른 번역자 분들을 물색해 야 했습니다. 이런 방식은 기존의 출판 시장에서도 자주 행해졌던 방식으로 알고 있습니다. 죄송스럽지만 양해 부탁드립니다.(번역비평 47에 대한 편집인의 응답)

예 5-105

죄송합니다. (……) 영화 개봉을 1달 앞두고, 20일 동안 번역 및 편집을 하게 되어 번역도 그렇고 편집에서도 오타가 발생했습니다. (……) 단위 별 로 동강을 내어 부분부분 번역하고 부분부분 편집하다 보니 (……) 참 죄 송스럽다는 말밖에 할 수가 없네요. (……) 앞으로는 이런 일이 생기지 않 도록 최선을 다하겠습니다.(번역비평 51에 대한 편집인 응답)

예 5-104와 예 5-105는 비평가 독자의 지적 사항에 대해 동일 규범 의 동일 하위 영역에서, 즉 전자는 정책 규범의 번역사 선정에서, 후자 는 윤리 규범의 편집인(출판사) 윤리에서 응답하고 있다. 이들 응답은 편집인(출판사)이 겪는 현실적 어려움, 즉 시간 부족의 문제를 드러내 준다.

편집인의 응답 중 출판사가 견지하는 번역 원칙이 나타나는 것도 있 었다. 예 5-106, 예 5-107, 예 5-108이 그렇다.

예 5-106

오역이라고 지적해 주신 부분에 대해서는 "분명 오역입니다."라고 말씀 드리기는 어렵습니다만 지금까지 황금가지가 견지해 온 번역관과 달랐다는 점에는 수긍합니다. 번역자와의 합의를 거쳐 챌린저 교수 2편은 좀더 원문 의 요소요소에 1:1로 대응하는 문장으로 국역하도록 하겠습니다.(번역비평 44에 대한 편집인의 응답)

예 5-107

(……) 저희가 쓰는 판본의 원문에서 <u>한 문장도 빼거나 더하지 않았다</u>는 것은 말씀드릴 수 있습니다. (……) 서구의 책을 번역할 때 각색을 하는 일이 종종 있습니다. 너무 지루한 부분은 <u>뺀다든가</u> 애매모호한 부분을 (……) 보충해서 써넣는다든가. 각색을 하는 게 반드시 나쁜 것은 아니라고 개인적으로 생각하지만 원본에 충실한 번역과는 분명 구분이 되고 있습니다. (번역비평 49에 대한 편집인의 응답)

예 5-108

<u>불/달러의 표기</u>에 대해서는 (……) 원문에 <u>dollar로 표기된 것은 달러, buck으로 표기된 것은 불로 표기하는 것</u>을 원칙으로 하고 있습니다. 물론 dollar/buck의 어감 차이가 달러/불의 어감 차이와 확연히 일치하는 것은 아닙니다만, <u>다른 단어 두 개를 같은 단어로 묶어서 표현하기에는 애매한 점이 있다</u>고 판단되어 두 단어를 혼용해서 사용하고 있습니다.(번역비평 39에 대한 편집인의 응답)

예 5-106는 '원문의 요소에 1:1로 대응하는 문장'이라는 번역관을 드러낸다. 이는 기본적 태도 규범의 기본 지향 영역으로 분류 가능하다. 비평가 독자들의 번역 비평에서는 나타나지 않았던 기본 지향 사례가 나타난 것이다. 예 5-107는 출발 텍스트와의 관련성 규범에서 첨삭 영역으로, 예 5-108은 출발 텍스트와의 관련성 규범에서 형태 유지 영역으로 분류된다.

그런데 이 세 규범 모두에서 편집인들이 출발 텍스트 지향성을 드러내어 흥미롭다. 이는 편집인들이 출판번역에 대해 가지는 기본적 태도 규범을 규명하는 후속 연구에서 한 가지 가설이 될 수 있다.

2) 번역 비평에 대한 번역사의 응답 분석

비평가 독자들의 번역 비평 지적 사항에 대해 번역사들은 편집인에 비해 보다 구체적이고 상세하게 응답하고 있었다. 다음은 사례 별 분석 결과이다.

2-1) 메를로 퐁티 저 '지각의 현상학'에 대한 조광제의 번역 비평과 번역사 류의근의 반론

여기서 번역 비평은 세 가지 지적 사항을 중심으로 하고 있다. 첫째, 관계 대명사 laquelle, par laquelle, duquel의 선행사가 제대로 파악, 반영되지 못했다는 지적이다. 두 번째는 d'abord와 et commence, '지리학' vs. '풍경'='추상적이고 기호적이고 의존적인 과학적 규정들' vs. '인식 이전의 세계'의 대비 관계가 모호하게 번역되었다는 지적이다. 그리고 마지막으로 science, scientifique라는 단어를 '학문', '학문적'으로 번역한 것이 저자 퐁티의 현상학을 이해하는 데 방해가 된다는 문제 제기가 있다.

세 문장의 원문과 번역문, 그리고 자신의 개역문을 제시한 비평가 독자의 번역 비평에서 지적된 이상의 지적 사항들은 앞의 두 개는 출발어 문장 이해, 그리고 마지막은 출발어 텍스트 이해로 분류된다. 출발어 문장 이해 영역의 두 가지 지적 사항은 각각 문법적 구조 파악의 문제와 의미적 구조 파악의 문제를 다룬다.

이에 대해 번역자 류의근은 세 가지 지적 사항 모두에 동의할 수 없다고 답하고 있다. 첫 번째와 두 번째의 지적 사항에 대해서는 비평자의 지적과 개역문은 모두 해석 혹은 번역의 다양성, 표현상의 차이로 볼 수 있으며 윤문 수준의 지적으로밖에 생각되지 않는다고 답변한다. 그리고 '역자는 해석의 과정에서 원문의 구조를 변형시키지 않고 직역에 충실하고자 했으며, 그로 인해 문장 전체가 무겁다는 평가는 수용할 수 있다.'는 표현을 통해 도착 텍스트의 효율성보다는 출발 텍스트와의 관련성에 더 큰 비중을 두었다는 점을 언급하고 있다.

science, scientifique의 번역에 대해서도 번역자는 비평자가 지적한 대로 '과학', '과학적'이라는 번역도 가능하지만 '학문', '학문적'이 저자의 근본 사상을 왜곡하는 것은 결코 아니라고 답하고 있다.

이상과 같은 '지각현상학'에 대한 비평자의 문제 제기와 번역자의 반론은 모두 같은 번역 평가 규범의 동일 하위 영역(출발 텍스트와의 관련성 규범 중 문장 이해와 텍스트 이해 영역) 내에서 일어나고 있는 것으로 분석된다(표 5-10). 즉 비평자와 번역사가 동일 영역 내에서 서로 다른 견해를 보이는 것이다.

그런데 이상의 번역 비평과 번역사의 응답에서 한 가지 주목할 만한 것은 '오역'이라는 개념이 가진 불명료성이다. 비평자 독자는 '원전과 대조해 볼 때 드러나는 역본의 확실한 오역이 상당히 많다.'는 말로 번역 비평을 시작하지만 번역자는 '역자의 번역이 조 박사의 번역과 비교해 볼 때 어디가 어떻게 그토록 다르고 잘못됐기에 오역이 많다고 하는지 이해할 수 없다. 원문의 뜻을 훼손함이 없는 별 무리 없는 번역이라 사료되는데도, 이 부분을 문제 삼아 오역이라고 평가하는 것은 도저히 납득이 되지 않는다.'라고 반박하는 것이다.

표 5-10 '지각의 현상학'에 대한 번역 비평과 응답의 번역 평가 규범

번역 비평 지적 사항		번역사의 응답
출발 텍스트와의 관련성 규범 (문장 이해)	⟺	출발 텍스트와의 관련성 규범 (문장 이해)
출발 텍스트와의 관련성 규범 (문장 이해)		출발 텍스트와의 관련성 규범 (문장 이해)
출발 텍스트와의 관련성 규범 (텍스트 이해)		출발 텍스트와의 관련성 규범 (텍스트 이해)

번역 비평과 반론을 바탕으로 보면 비평자는 출발어 문장 이해 영역
의 문법적 의미적 구조 파악이나 출발어 텍스트 이해 영역의 개념 번
역을 오역의 기준으로 삼은 반면, 번역자는 이는 오역이 아닌 '원문의
뜻을 훼손하지 않는' 다양한 해석이라고 주장하고 있다.

실제로 앞서 살펴본 비평가 독자들의 번역 비평에서도 오역은 오탈
자에서부터 텍스트 이해 영역에 이르기까지 광범위한 의미로 사용되고
있었다. 여기서 본 연구의 번역 평가 규범 및 하위 영역들이 그 구체
화 가능성을 제공한다.

2-2) 오비디우스 저 '길 잃은 태양마차'에 대한 이재호의 번역
비평과 번역사 이윤기의 반론

이재호의 번역 비평은 출발 텍스트와의 관련성 규범에서 첨삭 영역
을 중심으로 하고 있다.[43] '길 잃은 태양마차'는 '변신 이야기'의 일부
를 교과서 수록용으로 발췌한 텍스트이고 이에 따라 이재호는 첨삭 판
단의 기준으로 영어 번역판과 한국어 번역판(이윤기 역, 1998, 민음사)
을 사용하였다.

첨삭의 문제는 모두 9차례 지적되었는데 첨가가 여섯 번, 누락이 세
번이다. 첨가나 누락된 부분은 구절이나 문장, 문단에 이르기까지 다양
하다. 누락 사례 세 개는 모두 '변신 이야기'에는 있지만 '길 잃은 태양
마차'에서 빠진 부분을 지적하고 있다.

이재호가 제시한 첨가와 누락의 사례를 하나씩 소개하면 다음과
같다.

---

43) 첨삭 차원 외에도 이재호는 출발 텍스트와의 관련성 규범에서 단어 차원,
도착 텍스트의 효율성 규범에서 외래어 발음 표기 차원, 배경 지식 규범에
서 그리스어 해석 문제를 지적하고 있다. 하지만 지적한 사례가 한두 개에
불과하고 번역자 이윤기가 옳은 지적이라 인정했으므로 구체적으로 다루
지 않겠다.

예 5-109

'그러나 이런 자연의 피해는 다른 피해에 비하면 그리 대단한 것도 아니었다. 거대한 도시의 성벽은 무너져 내렸고, 인간이 모여서 모둠살이를 하던 수많은 마을과 함께 나라가 잿더미로 변했다. 산의 수목도 불길에 휩싸였다.

파에톤은 불바다가 된 세상을 내려다보았다. 대지에서 솟아오르는 열기는 견딜 수 없을 만큼 뜨거웠다. 그의 숨결도 풀무에서 나온 공기처럼 뜨거웠다. 마차는 빨갛게 달아오른 것 같았다.'(p.34)

위 인용문에서 이윤기 씨는 <u>단락과 단락 사이에 아무런 생략 표시도 없이 상당한 부분을 탈락시켜</u> 버렸다. '변신 이야기' 중 탈락된 부분은 다음과 같다.

'아토스 산도 불덩어리로 화했다. 물 좋기로 소문난 길리기아의 타우로스 산, 트몰로스 산, 오이타 산, 이다 산에도 불이 붙었다. 후일 오르페우스와 인연을 맺게 되는 하이모스 산의 운명도 마찬가지였다. 아이트나 산에서는 두 개의 불기둥이 솟아 하늘을 찔렀고 파르나소스 산의 쌍봉과 에토스 산, 킨도스 산에도 불이 붙었다. 그 추운 스퀴티아 지방도 무사하지 못했고 카우카소스도 불길에 휩싸였는데 오싸 산, 핀도스 산이 무사할 리 없었다. 이보다 훨씬 높은 올림포스 산, 하늘을 찌를 듯 하던 알페스 산, 구름 모자를 쓰고 있던 아펜니노스 산도 불길에 휩싸였다.'(p.58)

예 5-110

'신들의 지배자인 제우스 신은 자기가 손을 쓰지 않으면 천지만물이 비참한 지경에 이를 것이라고 생각하고는 서둘러 신들의 회의를 소집했다. 파에톤에게 태양마차를 맡긴 태양신 헬리오스도 그 회의에 참석했다. <u>신들은 헬리오스와 파에톤을 두고 저마다 한 마디씩 했다.</u>

"아비가 자식을 지나치게 사랑하면 저 꼴이 되지."

<u>이렇게 말한 것은 제우스의 아내이자 정식 결혼의 수호 여신인 헤라였다.</u>

"티탄 신들의 권리가 다 올림포스 신들에게 넘어왔는데 헬리오스와 셀레네 남매만은 아직도 권력을 틀어쥐고 있으니까 이런 일이 생기는 것 아닌가요?"

이렇게 투정을 부린 것은 그 뒤를 이어 각각 태양의 신과 달의 여신 자리에 오르게 되는 아폴론과 아르테미스 남매였다.

"제가 다시 만들 테니, 벼락을 던지시어 저 태양 마차를 부숴 버리십시오."

제우스 신에게 이렇게 청한 것은 태양 마차를 만든 대장장이신 헤파이스토스였다.

제우스는 천궁의 지붕 꼭대기로 올랐다. 천궁 꼭대기는 그가 대지 위로 구름을 펼 때와 천둥이나 벼락을 던질 때마다 올라가는 곳이었다 ……'(길 잃은 태양마차 pp.37-38)

밑줄 친 부분은 원문에 없는 내용으로 이윤기 씨가 임의로 삽입한 것으로 보인다. 그의 번역본 '변신 이야기'에도 해당 부분은 나오지 않는다.(번역 비평 10)

이러한 첨삭 사례를 바탕으로 이재호는 '길 잃은 태양마차'가 '번역이 아니라 황당무계한 억측을 가미한 패러프레이즈'라 지적한다. 이는 본 연구의 번역 평가 규범 분석틀에서 기본적인 태도 규범에 해당한다. 특정 텍스트가 번역으로 인정될 수 있는지 아닌지에 대한 판단의 문제인 것이다.

번역자 이윤기는 '길 잃은 태양마차'가 번역이 아닌 편역이기 때문에 '황당무계한 억측'이라는 말에는 문제가 있다고 반박한다.44) 그리고 교과서에 실리는 과정에서 '이윤기 옮김'을 '이윤기 편역' 또는 '이윤기 평설'로 바꿔 줄 것을 요구했으나 이것이 바로잡히지 않은 것이 잘못일 뿐, 편역이라는 점을 이해한다면 큰 문제가 없다고 지적하였다. 결국 번역자 역시 '길 잃은 태양마차'가 번역이 아니라고 인정한 것이다. 다시 말해 비평자와 번역사 모두 출발 텍스트와의 관련성 규범 중 첨삭 영역에서 일치되는 견해를 보이고 있다.

---

44) 이에 대해 다시 이재호는 '아무리 편역이라 해도 지켜야 할 것이 있다'며 편역의 개념을 문제 삼았지만 편역에 대한 문제 제기는 본 연구의 범위를 벗어나므로 다루지 않겠다.

표 5-11 '변신 이야기'에 대한 번역 비평과 응답의 번역 평가 규범

번역 비평 지적 사항	⟺	번역사의 응답
출발 텍스트와의 관련성 규범 (첨삭)		출발 텍스트와의 관련성 규범 (첨삭)

'길 잃은 태양마차'에 대한 번역 비평과 답변은 기본적인 태도 규범에서 번역이냐 아니냐를 판단하는 기준 중 하나가 '과도한 첨삭'이 될 수 있음을 보여준다.

2-3) 자크 데리다 저 '불량배들-이성에 관한 두 편의 에세이'에 대한 진태원의 번역 비평과 번역사 이경신의 반론

비평자 진태원은 2003년 12월, 인터넷 서점 '알라딘'과 '예스24' 독자 서평에 각각 '너무나 익숙한, 너무나 끔찍한 오역, 오역들'과 '오역의 늪에 빠진 데리다'라는 제목의 번역 비평을 실었고 번역자 이경신이 2004년 2월 26일자 교수신문에 반론을 실은 후 다시 교수 신문(2004, 2월 26일)에 번역 비평 '데리다의 '불량배들' 국역본의 문제점'을 기고하였다. 하지만 세 편의 번역 비평 내용은 모두 유사하다.

비평가 독자는 열 개의 사례를 들어 번역문과 원문 및 수정 번역문을 제시한다. '만약 이 문장들이 제대로 된 한글 문장이고 내용이 이해가 간다면, 나는 내가 경솔했음을 기꺼이 인정할 것이다.'라는 진술, 그리고 '도무지 무슨 말인지 알아들을 수 없는 번역'이라는 언급을 기준으로 하여 이들 지적 사항은 도착어의 효율성 규범, 그리고 그중에서도 문장 구성 영역으로 분류된다. 한편 오비디우스의 '변신'이 인용되었다는 점을 번역사가 미처 깨닫지 못하고 '변신'을 '변형들'로 번역했다는 지적, 그리고 기존에 개최되었던 데리다 관련 학회를 시사하는 부분과 데리다 자신의 기존 저서를 언급하는 부분이 제대로 번역되지 못했다는 지적은 배경 지식 규범으로 분류된다.

번역사는 배경 지식 규범의 마지막 지적 사항에 대해서는 자신의 부주의에서 기인한 오역이라 인정한다. 그리고 그러한 오역은 번역 기간이 짧은 탓에 발생한 것이라 설명하며 '실제로 한국 역서들이 심각한 오역을 피하기 어려운 여러 이유들 가운데 하나는 역자에게 번역서를 검토할 충분한 시간을 제공하지 않는 안타까운 현실 때문이다.'라고 덧붙인다. 윤리 규범의 편집인(출판사) 윤리에서 이유를 찾은 것이다.

하지만 이 밖의 사례에 대해서는 오역이 아닌, 번역의 다양성으로 볼 수 있다는 주장을 펴고 있다. 그리고 '낯설고 어색해 보이는' 자신의 '개념어와 번역 문체는 데리다다운 한글 번역에 대한 역자의 고민의 산물'이라 설명한다. '데리다의 문체와 개념어를 최대한 한글 번역 속에서 드러내 보이고 싶었다'는 것이다. 이러한 응답은 출발 텍스트와의 관련성 규범에서 형태 유지 영역으로 분류 가능하다.

결국 '불량배들'의 번역 비평과 그에 대한 답변은 서로 다른 번역 평가 규범을 바탕으로 하고 있다. 도착 텍스트의 효율성 규범 및 배경 지식 규범에서 이루어지는 번역 비평에 대해 번역자는 출발 텍스트와의 관련성 규범을 바탕으로 답변하는 것이다.

한편 번역사의 답변에서는 예 5-111에서 보듯 번역 비평가의 윤리 문제가 다루어진다.

예 5-111

그런데 오역문화를 문제 삼고 있는 이 시점에서 역자와 출판사의 책임의식과 윤리만이 아니라 역서비평의 책임의식과 윤리도 더불어 생각해 봐야 하겠다.

비평의 기본은 그 정확성과 공정성에 있다. 원서와 역서를 대조해 볼 기회를 가질 수 없는 독자를 생각할 때 번역도 신중해야 하지만 비평 역시 신중해야 한다. 오역과 잘못된 비평은 독자에게 이중 피해를 안겨주기 때문이다. 또 비평내용의 정확성과 공정성만이 아니라 비평하는 태도의 성실성, 진지함, 비평방식의 개방성, 상호성도 중요하다. 비평이 단순한 비판,

아니 비난으로 끝나지 않기 위해서 비평가는 역자와 출판관계자에게 책임을 다할 수 있는 기회를 제공하는 것이 옳다. 이러한 관점에서 볼 때, 진 씨가 인터넷 공간 속에서 내보인 비평내용, 비평태도, 비평방식은 비판적으로 검토될 필요가 있다. 결국 진 씨의 비평은 역서비평이 번역문화의 수준을 넘을 수 없다는 것을 잘 보여주고 있다고 하겠다.

한 사람의 역자, 한 권의 역서를 매장하는 것은 어려운 일이 아니다. 하지만 오역 문화를 自靜하는 일은 그보다 훨씬 더 힘들다. 문제의 원인을 개개인의 도덕성 차원으로만 한정할 수 없는 까닭에서다. 아무튼 이번 일이 번역문화에 대한 근본적인 성찰의 계기가 될 수 있다면 그나마 다행한 일이다.(번역비평 11에 대한 번역사 답변)

비평은 공정하고 정확해야 하며 성실하고 진지한 태도로 이루어져야 하고 개방적 상호적인 성격을 띠어야 한다는 주장이다. 이는 번역사라는 출판 번역 참여자가 제기하는 비평가의 윤리 규범 차원이다. 이제까지 본 연구의 윤리 규범 중 비평가 윤리는 기타 관련인의 윤리 차원이라는 하위 영역에 포함되어 있었지만 독립된 차원으로 나누어질 가능성이 생겨난 것이다.

'불량배들—이성에 관한 두 편의 에세이'를 둘러싼 번역 비평과 번역사의 응답에서 나타나는 번역 평가 규범은 표 5-12와 같이 정리할 수 있다.

표 5-12 '불량배들—이성에 관한 두 편의 에세이'에 대한 번역 비평과 응답의 번역 평가 규범

번역 비평 지적 사항		번역사의 응답
도착 텍스트의 효율성 규범 (문장 구성)	⟺	출발 텍스트와의 관련성 규범 (형태유지)
배경지식 규범 (저자 및 도서 관련 지식)		윤리 규범 (편집인(출판사) 윤리)
		윤리 규범 (비평가 윤리)

2-4) 스티븐 핀커의 '언어본능'에 대한 익명 독자의 번역 비평과
    번역사 김한영의 반론

'언어 본능'에 대한 번역 비평 '언어 아이러니'는 본 연구의 분석 대
상 중 가장 상세한 번역 비평 가운데 하나로 무려 40여 개의 구체적인
지적 사항을 담고 있다. 이를 번역 평가 규범 분석틀로 구분하면 출발
텍스트와의 관련성 규범에서 '단어 및 표현 이해' 6개, '문장 이해' 3개,
'언어유희' 3개, 도착어의 효율성 규범에서 '문장 구성' 2개, '단어 및 표
현 구성' 10개, '외국어 고유명사 발음 표기' 3개, '오탈자' 3개, '역주' 2
개, '띄어쓰기' 1개, 배경지식 규범에서 '전문 용어' 3개, '대중문화/스포
츠' 2개, '제도와 관습' 2개이다.

총 3인의 공동 번역사 중 대표인 김한영은 위의 번역 비평이 실린
인터넷 서점 '알라딘' 독자 게시판에 '역자의 말'을 남겨 40가지의 지적
사항 중 26가지에 대해서는 오류를 인정한 반면 14가지는 비평자의 오
해에서 비롯되었거나 별 의미가 없는 지적이라고 주장한다.[45]

몇 가지 지적 사례와 그에 대한 번역사의 답변을 살펴보면 다음과
같다.

번역 비평에서 비평가 독자는 '번역하지 않고 놓아둔 부분'에 대해
몇 차례나 지적하고 있다.[46] 예 5-112는 '이상한 나라의 앨리스'에 나오
는 시 '재버워키'가 소개된 부분에서 번역자가 '4연은 번역 불가'라고 써
놓았다는 데 대한 비평가 독자의 지적과 이에 대한 번역사의 답변이다.

---

45) 이 14가지 중에서, 번역자가 비평 내용을 충분히 이해 검토하지 않아 제대
   로 답변하지 못한 경우도 있다. 하지만 이에 대한 분석은 번역 비평과 그
   에 대한 답변 뒤에 자리잡은 번역 규범을 규명한다는 본 연구의 범위를
   넘는 것이어서 다루지 않겠다.
46) 비평 대상 도서인 '언어 본능'은 수많은 예문에서 영어를 그대로 병기하고
   있다. 비평가 독자가 지적하는 것은 그중 한국어 번역이 되지 않은 예문
   들이다.

예 5-112

번역 비평: 도저히 묵과할 수 없는(정말 번역자의 도의(道義), 책임과 관련되는) 부분부터 먼저 지적하기로 한다. 이제까지 필자의 독서 인생에서 본 일이 없는 일이지만, 세상에 번역자가 '번역불가'라고 하면 이걸 도대체 어떻게 해석해야 되는가? '잘못된 문장이나 비문법적인 문장이라 도저히 번역이 안 된다'는 건가? 아니면 '역자의 능력 부족으로 번역할 수 없다'는 건가? (……) 어떻게 모르는 다른 책의 부분이 나오면 그 책의 번역본이라도 찾아볼 생각을 않고 '번역불가'라고 할 수 있었을까?

번역사 답변: 만약 그 연의 의미가 저자(핀커)의 의도와 문맥에서 조금이라도 중요했다면, 어떻게 해서든 전문가에게 의뢰해서라도 4연까지의 모든 번역문을 실었을 것이다. 능력이 안 되도 번역해야 할 것은 어떻게든 번역하는 것이 "번역자의 도의"이기 때문이다. 그러나 이미 밝혔듯이 그 4연은 "전혀 의미가 통하지 않는데도 문법적인 것으로 인정되는 문장들"의 예였고, 그래서 그 연만큼은 번역하지 않아도 원서의 문맥과 저자의 의도에 어긋나지 않는다고 판단했다 (……) 아무리 어려운 것이 나왔다고 해도 '능력이 안 되니 알아서 하라'고 배짱 내미는 번역자는 없다. '번역불가'라는 말을 본문의 큰 맥락 속에서 보면 그 이유를 짐작할 수 있다. 그것을 "묵과할 수 없는 번역자의 도의, 책임과 관련되는" 문제로 몰아붙이는 것은 문맥을 무시하고 '번역불가'의 의미를 그저 나쁜 쪽으로만 해석한 결과이다.

여기서 비평가 독자의 지적은 윤리 규범의 번역사 윤리로 분류된다. 반면 저자의 의도와 문맥을 고려할 때 굳이 번역할 필요가 없었다는 번역사의 응답은 출발 텍스트와의 관련성 규범 중 텍스트 이해로 볼 수 있다.

비평자는 예 5-112 외에도 번역사가 번역하지 않고 영어 원문 그대로 놓아둔 경우를 세 차례 더 지적한다. 이에 대해 번역사는 '문맥을 고려할 때 별 문제가 없다'는 동일한 답변을 하고 있다.

'문맥을 고려하지 않는 지적'으로 언급된 또 다른 예를 보자. 여기서 논란의 대상이 되는 표현은 '털이나 깃털 달린 얼간이'이다.[47]

160

예 5-113

번역 비평: p.23 중간쯤 '털이나 깃털 달린 얼간이' → 앞뒤 문맥으로 보아 '비버(beaver)'와 '기러기(goose or wild goose)' 이야기를 하는 것 같다.

번역자 답변: 원문은 furry or feathered zombies이다. 서평자의 말처럼 앞뒤 문맥으로 보아 비버나 기러기임을 쉽게 알 수 있다. 이것 역시 문맥을 무시하고 일부만 떼어 본 결과이다.

예 5-113에서 비평가 독자는 도착 텍스트의 효율성 규범 중 단어 및 표현 구성 영역에서 문제를 지적한다. 이에 대해 번역사는 출발 텍스트의 원문을 제시하며 앞뒤 문맥을 통해 이해가 가능하므로 문제될 것이 없다고 답변한다. 이러한 답변은 출발 텍스트와의 관련성 규범에서 단어 및 표현 이해 영역으로 분류된다.

결국 예 5-112와 예 5-113 모두에서 번역사는 출발 텍스트와의 관련성 규범으로 답변하는 셈이며 이와 함께 출발 텍스트 지향성을 드러낸다.

한편 비평가 독자의 지적 사항 중에는 배경지식 규범에 속하는 것도 있다. 예 5-114는 배경지식 규범 중 전문용어 영역의 지적을 보여준다.

예 5-114

번역 비평: p.21 중간쯤 '동물의 왕국' → 옛날 TV에 나왔던 수입영화 제목의 영향이 너무 오래 간다고 생각하게끔 하는 말이다. '(the) world of animals'이면 '동물의 왕국/세계'쯤의 번역도 괜찮겠지만, 'animal kingdom'이면 대부분의 학문적인 글에서는 '동물계(動物界)'(생물의 분류 단위인 '계, 문, 강, 목, 과, 속, 종'할 때 최상위 단계인 '계(界)'가 바로 'kingdom')로 번역해야 할 때가 있을 것임에도 어떻게 대부분의 책에서는 일률적으로 '동

---

47) 이 표현이 포함된 번역 도서의 문장은 다음과 같다. '언어본능이라는 말은 언어를 인간 지성의 정점으로 생각하고, 본능을 털이나 깃털 달린 얼간이들이 댐을 쌓거나 남쪽으로 날아가도록 자극하는 야만적인 충동으로 간주하는 사람들에게는 귀에 거슬릴 수도 있다.'

물의 왕국'만 나온다.

　번역사 답변: animal kingdom은 물론 동물계이다. 그러나 '동물의 왕국'으로 번역하는 것이 <u>재미있을 것 같아서 작은따옴표를 치고 그렇게 번역했다.</u> 작은따옴표를 쳤다는 것은 그것이 TV 프로의 제목을 빌었다는 것을 의미한다. 그 정도는 역자의 재량이라고 생각한다.[48]

　배경지식 규범의 전문용어 지적에 대해 번역사는 독자들의 '재미'를 위해서였다고 답변한다. 이는 도착 텍스트의 의사소통 효과 제고라는 측면이므로 도착 텍스트의 효율성 규범 중 단어 및 표현 구성 영역으로 분류 가능하다. 번역사는 충분히 전문 용어를 사용할 수 있었지만 의도적으로 TV 프로의 제목을 따 왔으며 이는 역자의 재량, 즉 권한에 해당한다는 것이다.

　그런데 이러한 번역 평가 규범의 불일치는 도착 텍스트의 종류 혹은 텍스트가 허용하는 표현에 대한 서로 다른 기준을 바탕으로 하고 있다. 비평가 독자는 '학문적인 글'에서는 전문용어를 써야 한다고 주장하고 해당 도서를 '학문적인 글'로 판단한다. 반면 번역사는 해당 도서에서 '재미있는 표현'이 용납될 수 있다고 주장한다. 해당 도서를 충분히 학문적인 글로 보고 있지 않거나 혹은 학문적인 글에서도 '역자의 재량'이 허용된다고 보는 것이다. 이러한 견해 차이는 텍스트 유형 혹은 장르에 따라 번역 평가 규범이 달라질 수 있음을 시사한다.

　'언어 본능'에 대한 비평가 독자의 번역 비평과 번역사의 응답에서 나타나는 번역 평가 규범 불일치는 표 5-13으로 정리할 수 있다.

---

48) 문제되는 '동물의 왕국' 표현이 포함된 번역 도서의 문장은 다음과 같다. '언어에 대한 연구를 생물학의 영역에서 격리할 필요는 없다. 현존하는 특정한 종에서만 볼 수 있는 어떤 위대한 능력이 있다는 것은 '동물의 왕국'에서는 결코 독특한 일이 아니다.'

표 5-13 '언어본능'에 대한 번역 비평과 응답의 번역 평가 규범

번역 비평 지적 사항		번역사의 응답
윤리 규범 (번역사 윤리)	⟺	출발 텍스트와의 관련성 규범 (텍스트 이해)
도착 텍스트의 효율성 규범 (단어 및 표현 구성)		출발 텍스트와의 관련성 규범 (단어 및 표현 이해)
배경지식 규범 (전문 용어)		도착 텍스트의 효율성 규범 (단어 및 표현 구성)

2-5) 호프스태터, '괴델, 에셔, 바흐: 영원한 황금노끈'에 대한 익명 독자의 번역 비평과 번역자 박여성의 반론

'괴델, 에셔, 바흐: 영원한 황금노끈'에 대한 번역 비평은 인터넷 서점 '알라딘'과 '예스24'에 여러 개가 올라 있다. 본 연구에서는 다른 번역 비평의 내용을 포함하면서도 가장 구체적인 익명 독자의 번역 비평 '어쩜 이럴 수가'를 대표적으로 살펴보았다. 번역자 박여성은 인터넷 서점 '알라딘'에 '번역사의 말'을 실어 번역 비평에 답하였다.

익명 독자의 번역 비평은 '어색하고 이해도 잘 안 되는 문장', '뜻이 와 닿지 않는 용어 번역'을 지적하여 도착어의 효율성 규범을 중심으로 이루어진다. 그리고 그 원인을 독문학 전공자가 수학과 과학 분야의 서적을 번역했다는 데서 찾는다.

이에 대한 번역사의 답변은 다음과 같다.

예 5-115

이 번역에서 저는 도저히 읽을 수 없는 형태의 책을 <u>한국어로 어느 정도나마 읽을 수 있는 모습으로</u> 만드는데 만족했지만, 부족한 곳이 너무 많다는 점을 전적으로 인정합니다 …… 다만 번역자 나름대로의 위안은 읽히지도 않고 인구에 회자되는 신비의 원서보다는 <u>과감하게 번역을 해서 질정을 받는 것이 낫다</u>는 생각입니다.

번역자의 답변은 윤리 규범으로 분류 가능하다. 비평가 독자가 지적한 문제의 원인은 출발 텍스트의 난해함[49] 이다. 이 경우 번역사의 윤리는 난해한 원문을 '어느 정도나마 읽을 수 있는 모습으로' 만드는 것, 그리고 실체가 없이 '인구에 회자되던' 난해한 원서의 번역을 중도 포기하지 않고 과감하게 내놓아 비판 받는 것으로 설명된다.

표 5-14 '괴델, 에셔, 바흐: 영원한 황금노끈'에 대한 번역 비평과 응답의 번역 평가 규범

번역 비평 지적 사항		번역사의 응답
도착 텍스트의 효율성 규범 (문장 구성/단어 및 표현 구성)	⟷	윤리 규범 (번역사 윤리)

번역사의 이러한 주장은 출발 텍스트의 난이도가 도착 텍스트의 효율성 규범, 그리고 번역사 윤리 규범에 대한 한 변수가 될 수 있음을 시사한다. 그리고 이는 출발어 텍스트의 특성을 번역 도서에 대한 판단 기준으로 삼는다는 면에서 번역사의 출발 텍스트 지향을 드러내는 것으로도 해석된다.

하지만 원본 도서 없이 번역 도서만을 접하게 되는 출판 번역 독자들에게 있어 출발 텍스트 난이도는 쉽게 고려대상이 될 수 없을 것으로 보인다.

2-6) 도스토예프스키, '카라마조프 씨네 형제들'에 대한 익명 독자들의 번역 비평과 번역자 이 대우의 반론 '번역자의 입장'

열린책들 출판사 홈페이지에서 이루어진 '카라마조프 씨네 형제들'에

---

49) 이 경우 출발 텍스트가 난해하다는 사실은 이지형(1999, 6월 29일), 배문성(1999, 6월 30일), 안희곤(2004, 2월 21일) 등 일간지의 기사에서도 반복 지적되고 있는 만큼 의문의 여지가 없어 보인다.

대한 번역 비평과 번역자 답변은 독자의 도착 텍스트 지향과 번역자의 출발 텍스트 지향을 전형적으로 드러내고 있다. 도착 텍스트의 효율성 규범 중 문장 구성, 대우법, 텍스트 구성 영역에서 이루어진 지적에 대해 번역사는 한결같이 출발 텍스트와의 관련성 규범으로 답변하기 때문이다. 구체적으로 살펴보면 다음과 같다.

예 5-116은 문장의 뜻을 이해하기 힘들다는 지적에 대해 번역자가 출발어 단어의 뜻과 품사를 근거로 답변하는 사례이다. 번역자는 출발어 단어의 의미뿐 아니라 품사(형용사)까지 유지해야 한다는 주장을 펴고 있다. 여기서 비평가 독자의 지적 사항은 도착 텍스트의 효율성 규범 중 문장 구성 영역으로, 번역사의 답변은 출발 텍스트와의 관련성 규범 중 단어 및 표현 이해, 그리고 형태 유지 영역으로 분석된다.

예 5-116

귀하가 〈범우사판〉과 〈열린책들〉 모두가 명백한 오역이라고 제기한 문장의 원문을 공개적으로 살펴보겠습니다.

no ia vsegda pereulochki liubil, glukhie i temnye zakoulochki, za ploshchad'iu, - tam prikliucheniia, tam neozhidannosti, tam samorodki v griazi. Ia brat, allegoricheski govoriu. 〈U nas vgorodishke takikh pereulkov veshchestvennykh ne bylo, no nravstvennye byli.〉

이 문장을 저는 "그러나 나는 항상 골목을, 광장 뒤편에 있는 음침하고 인적이 드문 골목길을 좋아했는데, 그곳에는 모험이, 그곳에는 예기치 않은 사건이, 그곳에는 그러니까 진흙 속의 천연광이 기다리고 있었지. 동생아, 비유적으로 이야기하마. 〈그런데 우리 읍내의 골목들은 그런 물질적인 곳이 아니라 도덕적인 곳일 뿐이었단다.〉"(〈열린책들〉판, (상) 241쪽)라고 번역했습니다.

여기에서 어느 독자는 밑줄 친 부분이 이해하기 힘들다고 지적하고 있습니다. 이 부분을 독자의 인용대로라면 영문 번역본에서는 "In the town I was in, there were no such back alleys in the literal sense, but morally there were"(〈Norton 비평〉판, p.97)라고 번역되어 있다고 하며 〈내가 있

었던 마을엔 그 말 그대로의 골목이 있었던 것이 아니라 실제 그대로의 골
목이 있었을 뿐이지〉라고 해석할 것을 제안하고 있습니다. 그러나 러시아
어로 〈물질적인 veshchestvennykh〉와 〈도덕적인 nravstvennye〉라는 형
용사를 〈말 그대로 in the literal sense〉와 〈실제 그대로 morally〉로 번
역하기란 모호한 점이 있다고 생각합니다. 더구나 이 두 형용사는 분명히
〈골목들 pereulkov〉을 수식하고 있지, 부사적으로 활용된 것이 아니기 때
문입니다. 따라서 저는 이 문장을 문두에서의 〈그곳〉과 대비시켜서 〈우리
읍내의 골목은 물질적으로 존재하는 현실 세계가 아니라 정신적 도덕적으
로 존재하는 가상 세계였다〉는 의미로 해석하고 싶습니다.

예 5-117은 도착어의 효율성 규범 중 대우법 영역에서 지적된 문제
에 대해 번역자가 출발 텍스트의 형태 유지 영역에서 답변한 경우이
다. 독자는 연령이나 지위 서열에 따른 대우법이 엄격하게 지켜지는
한국어 관행을 기준으로 아버지가 아들에게 존대 표현을 쓰고 있는 번
역에 문제를 제기했으나 번역자는 출발어인 러시아어의 극존대 호칭에
서 드러나는 비정상적, 파괴적 상황을 전달하려 했다고 설명한다.

예 5-117

어느 독자는 번역자의 우리말 구사 능력에 대해 지적하는 몇 개의 예를
들고 있습니다. 다음이 어느 독자가 〈열린책들〉판에서 지적한 한 예입니
다.

"드미뜨리 표도로비치! 만일 당신이 내 자식이 아니었더라면, 나는 지금
이 순간 당신한테 결투를 신청했을 거요 …… 권총으로, 3보의 거리를 두
고 …… 수건으로 눈을 가린 채! 수건으로 눈을 가린 채!"

여기에서 〈범우사〉판(어느 독자가 〈범우사〉판 〈노턴〉판과 비교하고
있으므로 번역자로서의 입장을 피할 수 없음이 안타깝지만)은 우리말 정서
에 맞게 아버지가 아들에게 하는 말이므로 하대하고 있습니다. 그러나 러
시아 어에서 이름과 부칭을 함께 써서 부르는 것은 극존칭이 됩니다. 여기
서 드러나는 도스또예프스끼의 의도도 이미 부자 관계가 실종된 가족 상황

166

과 극단적인 광대짓을 서슴지 않는 아버지 표도르에 대한 성격 묘사를 극명히 드러내기 위해 일상적인 화법이 파괴된 비정상적 가족 관계를 묘사하는 데 있습니다. 만일 정상적인 가족 관계일 경우라면 아들을 이름 혹은 애칭만으로 불러야 하지 이름과 부칭을 함께 사용하지는 않는 것입니다. 따라서 저는 당연히 도스또예프스끼의 그런 의도를 읽어 내야 한다고 생각했습니다. 물론 〈범우사〉판에서는 한국식 정서에 맞게 아버지로서 아들에게 당연히 하대하는 표현을 사용하고 있습니다. 결국 〈열린책들〉판과 〈범우사〉판의 차이는 독자의 지적처럼 우리말에 대한 이해 부족에서 비롯된 것이 아니라, <u>작가의 의도대로 문장을 번역하느냐 우리식 정서로 옮겨야 하느냐 하는 번역자의 권리에 해당하는 문제</u>인 것입니다.

예 5-118은 동일인의 이름을 텍스트 전반에 걸쳐 통일시켜야 할 것인가의 문제를 다룬다. 같은 이름의 불어식 발음 리즈와 러시아어식 발음 리자가 혼용되는 것에 대해 독자가 제기한 의문은 도착어의 텍스트 구성 영역으로 분류된다. 번역자는 귀족이나 지식인들이 불어식 발음을 통해 드러내는 현학적 분위기를 살리기 위해 인명 통일을 하지 않았다고 응답한다. 출발 텍스트와의 관련성 규범에서 형태 유지 영역으로 분류되는 응답이다.

예 5-118

〈리자〉와 〈리즈〉의 혼용 문제입니다. 앞서의 답변에서도 말씀드렸다시피 저는 원문 내용에 가급적 손질을 하지 않는 것을 목표로 했고 번역본에서도 그대로 반영했습니다. 사실 리즈(프랑스어로)와 리자(러시아어로)는 원문에서도 그대로 혼용되고 있습니다. 이 문제에 대해서는 당대 러시아인들, 특히 귀족들이나 지식인들 사이에서 현학을 과시하기 위해 프랑스어를 많이 사용했다는 사실에 주목할 것으로 생각되며, 작가 도스또옙스키도 이 점을 고려하여 인명뿐만 아니라 다른 부분들에서도 어떤 특별한 뉴앙스를 풍기려고 간간이 프랑스어를 삽입했던 것입니다(평민들 사이의 대화에서는 이런 프랑스식 표현이 등장하지 않는 반면, 귀족들 사이에서는 자주 등장하게 됩니다). 이 때문에 번역 초기 저도 명칭상의 통일은 기할 것인가의 문제로 고민했습니다. 사실 비러시아어권 독자들이 러시아 작품을 읽을 때 러시아 인명에 상당히 고통을 받고 있는 것은 사실이며, 그래서 많은 경우 인명을 통일하는 경향이 있으니까요. 그러나 저는 <u>인명의 인위적인 통일을 하지 않음으로써 작가의 다른 의도도 읽을 필요가 있다</u>고 생각했던 것입니다.

번역사의 출발 텍스트 지향, 특히 출발 텍스트 규범의 형태 유지 입장은 답변 글인 '번역자의 입장' 앞부분에서 이미 지적된 바 있다. 예 5-119를 보면 원문의 길고 거친 문장까지도 그대로 옮겨내려 했다는 번역 방향이 드러난다.

예 5-119
저는 다른 번역본들과의 차별성을 감안하여 도스또예프스끼의 표현을 가감 없이 전달할 뿐만 아니라 그의 <u>장황한 문장, 거친 문체까지도 독자들이 맛보아야 한다</u>고 생각했습니다. 따라서 문장을 잘게 나누는 쉬운 길을 피하고 장문의 경우, 우리말로 이해가 가능한 부분까지 <u>문장을 길게 나누었으며, 투박하고 거친 문체로 번역하고자</u> 했습니다. 사실 도스또예프스끼가 뛰어난 구성력과 깊이의 작가이긴 해도 뚜르게네프처럼 유려한 문체의 작가는 아니지 않습니까? 아마도 번역자의 이런 의도가 일부 독자에게 번역이 매끄럽지 못하다는 오해를 불러일으켰던 것 같습니다.

표 5-15 '카라마조프 씨네 형제들'에 대한 번역 비평과 응답의 번역 평가 규범

번역 비평 지적 사항		번역사의 응답
도착 텍스트의 효율성 규범 (문장 구성)	⟺	출발 텍스트와의 관련성 규범 (단어 및 표현 이해/ 형태유지)
도착 텍스트의 효율성 규범 (대우법)		출발 텍스트와의 관련성 규범 (형태 유지)
도착 텍스트의 효율성 규범 (텍스트 구성)		출발 텍스트와의 관련성 규범 (형태 유지)

2-7) 모리스 버만, '미국 문화의 몰락'에 대한 익명 독자의 번역 비평과 번역사 심현식의 반론

'미국 문화의 몰락'에 대한 익명 독자의 번역 비평은 도착 텍스트의 문장 구성 영역의 지적 1건, 도착 텍스트의 오탈자 지적 5건으로 이루어져 있다. 이 중 오탈자 영역의 지적에 대해서는 편집자가 직접 답변하였다. 오탈자의 문제는 편집자의 책임 영역임을 다시 확인해 준 셈이다.

결국 번역사가 직접 답변한 지적 사항은 도착 텍스트의 문장 이해에 대한 지적 1건이다. 이에 해당하는 번역 비평의 지적과 번역사 답변은 예 5-120과 같다.

예 5-120

번역비평: "좋은 품질의 상품을 두고 품질이 좋기 때문에 비난과 공격의 화살을 돌리기보다는 료타르가 추구하는 만인을 위한 엘리트주의인 것이다." —〉 여기서 주어가 대체 뭡니까?

번역사 답변: 원문은 Instead of attacking quality for being quality, our goal should be that of lyotard, as already cited: elitism for everybody. 입니다. 여기에서 "좋은 품질의 상품"은 모리스 버만이 엘리트주의를 의미하는 것으로 생각합니다. 일반인들이 엘리트주의에 대해 편견을 가지거나 비판하는 것에 대해 말하는 것이죠. 번역자 입장에서 이것을 "엘리트주의"라고 바꿔 쓸까 하다가 오히려 번역자의 권한을 넘는 것 같아서 원문을 살려 번역했습니다.

더욱이 제 번역문 자체가 애매하고 호흡이 긴 나머지 아마도 편집 과정에서 다듬다 보니 주어인 "우리의 목표는"이 생략된 모양입니다. 번역을 제대로 하지 못한 점, 사과드립니다 ……

구태여 원문을 의역해서 독자들이 쉽게 이해하게 하려면 다음과 같이 고치는 방법도 있겠네요. 물론 이렇게 하다 보면 원문의 단어들과는 동떨어진 감이 있긴 합니다.

'우리의 목표는 엘리트주의를 무조건 비판하기보다 앞서 말한 것처럼 료

타르식의 "만인을 위한 엘리트주의"를 추구하는 것이 되어야 한다.'

번역사의 응답은 출발 텍스트와의 관련성 규범 중 형태 유지 영역으로 분석된다. 앞의 다른 사례에서 나타났던 번역사의 출발 텍스트 지향이 다시 나타나는 셈이다.

그런데 이러한 형태 유지의 이유로 번역사는 '번역사의 권한'을 넘지 않기 위함이라는 설명을 하고 있다. 이는 윤리 규범의 번역사 윤리로 분류 가능한 언급이다. 다른 사례의 번역사들 역시 이러한 번역사 윤리에 바탕해 출발 텍스트 지향을 나타냈을 가능성이 제기된다.

표 5-16 '미국 문화의 몰락'에 대한 번역 비평과 응답의 번역 평가 규범

번역 비평 지적 사항		번역사의 응답
도착 텍스트의 효율성 규범 (문장 구성)	⟺	출발 텍스트와의 관련성 규범 (형태 유지) 윤리 규범 (번역사 윤리)

번역 비평에 대해 번역사가 응답한 이상의 7개 사례를 종합하면 우선 번역사들은 독자들의 번역 비평에 진지하게 반응하며 구체적인 답변을 내놓고 있었다. 그중에는 비평가의 윤리를 강조함으로써 번역사 개인을 상대로 공개적으로 이루어지는 번역 비평에 문제를 제기한 경우(2-3 이경신의 반론)도 있었다.

다음으로 번역 비평과 그에 대한 번역사의 답변이 서로 다른 번역 평가 규범에 바탕을 두고 이루어지는 경우가 많았다. 7개 사례 중 5개 사례에서 이 같은 현상이 나타났다. 이는 번역 결과물이 가진 임의의 한 측면이 비평가 독자와 번역사에게 다르게 인식된다는 점, 다시 말해 동일한 현상에 대한 비평가 독자와 번역사의 사고가 다르다는 점을 의미한다. 또한 번역 평가 규범이 비평가 독자와 번역사의 상호 작용

을 체계적으로 분석하는 도구가 될 수 있음을 보여준다.

번역 비평과 그에 대한 번역사의 답변이 서로 다른 번역 평가 규범에 바탕을 두고 이루어진 5개 사례를 보면 비평가 독자는 도착 텍스트의 효율성 규범을 반영하는 지적 사항을 내놓고 이에 대해 번역사는 출발 텍스트와의 관련성 규범을 바탕으로 응답하는 것으로 분석되었다. 이는 비평가 독자와 번역사의 기본적 태도 규범, 그중에서도 기본 지향 영역에서의 차이를 반영한다고 볼 수 있다. 비평가 독자는 보다 도착 텍스트 지향적인 반면 번역사는 보다 출발 텍스트 지향적인 것이다. 이는 비평가 독자와 번역사가 가진 번역 평가 규범의 근본적인 차이를 암시하는 흥미로운 결과이다.

VI. 결론 및 논의

본 연구는 한국 출판 번역 독자들의 번역 비평에서 나타나는 번역 평가 규범을 밝히고자 하였다. 본 연구의 번역 평가 규범은 '번역의 다양한 참여자들이 번역 결과물에 대해 공유하는 사고방식'으로 정의되는 기술(記述)적인 개념이다.

본 연구의 연구 대상인 출판 번역, 즉 외국어를 출발어로, 한국어를 도착어로 하여 한국의 독자들을 대상으로 도서 형태로 출판된 번역은 이제까지 번역학에서 별도의 범주로 다루어지지 못했다. 따라서 본 연구는 2차 자료 분석 및 편집인 대상 심층 면접 조사를 통해 한국의 출판 번역 현황과 특징을 고찰하였다.

한국의 출판 분야에서 번역 도서가 전체 출판 도서 종수의 1/5을 차지하며 해마다 그 비율이 늘어간다는 점은 출판 번역의 중요성과 연구 필요성을 뒷받침해 주었다. 출판 번역을 담당하는 번역사들의 평균적인 모습은 학부 또는 대학원에서 어문학을 전공한 후 40대 중반의 나이에 3개월 당 한 권씩의 도서를 번역하고 있었다.

한국 출판 번역의 특징으로는 첫째, 편집인이 출판 번역 과정의 각 단계, 즉 번역사 선정, 출발 텍스트 선정, 교정 교열 등에 크게 관여한다는 점을 들 수 있다. 이는 관련 연구에서 지적된 것과 일치한다. 둘째, 따라서 출판 번역은 번역사와 편집인의 공동 작업이 되며 그 과정도 출발 텍스트의 선정에서 독자, 비평가, 언론인 등의 피드백에 이르는 것으로 확대된다. 셋째, 출판 번역은 상업적인 이윤 추구를 목적으로 하며 이러한 목적은 출발 텍스트의 선정을 비롯해 번역 과정 각 단계에 영향을 미치고 있다. 넷째, 출판 번역을 담당하는 번역사는 충분한 물질적인 보상을 받지 못하고 있다. 하지만 번역 도서에 그 이름과 약력이 반드시 포함된다는 점은 비물질적인 측면의 보상이라 할 수 있다. 다섯째, 편집인과 번역사 모두 한국 출판 번역의 수준에 대해 문제를 인식하고 있다. 특히 번역사가 납품한 번역물의 품질이 만족스러운 경우가 5-15%에 불과하다는 편집인의 응답은 문제의 심각성을 잘 보여주었다.

이상과 같은 한국 출판 번역의 특징은 출판 번역이 텍스트 종류를 기준으로 한 기존 번역학의 범주 구분을 뛰어넘어 새로운 범주로 연구될 수 있다는 본 연구의 가정을 뒷받침해 준다.

번역 평가 규범 모델을 바탕으로 출판 번역에 대한 비평가 독자들의 번역 비평을 분석한 본 연구의 결과는 다음과 같다. 연구질문 순서에 따라 연구 결과를 제시하겠다.

1) 한국 출판 번역 독자의 번역 비평에서 중시되는 번역 평가 규범

한국 출판 번역 독자들의 번역 비평에 포함된 지적 사항들을 토대로 할 때 번역 평가 규범은 기본적 태도 규범, 출발 텍스트와의 관련성 규범, 도착 텍스트의 효율성 규범, 배경지식 규범, 윤리 규범, 정책 규범의 6개 규범으로 이루어져 있었다. 번역 비평의 지적 사항들은 98% 이상이 잘못된 점에 대한 비판이었고 긍정적인 지적은 거의 없었다. 번역 비평 지적 사항의 빈도를 기준으로 보면 번역 평가 규범 중 도착 텍스트의 효율성 규범이 가장 중시되는 것으로 나타났다. 이에 해당하는 번역 비평 지적 사항은 전체의 53%를 차지했다. 다음이 출발 텍스트와의 관련성 규범(28.1%)이었다. 이 두 규범을 합하면 전체의 81%가 된다. 따라서 한국 출판 번역 독자들의 번역 비평에서 중시되는 번역 평가 규범은 도착 텍스트의 효율성 규범과 출발 텍스트와의 관련성 규

범이라 할 수 있다. 한편, 기존 학자들의 번역 모델에서 나타나지 않았
지만 번역 비평 분석 과정에서 추가되었던 배경지식 규범은 세 번째로
많이 나타나는(8.4%) 번역 평가 규범이었다.

2) 번역 비평을 바탕으로 할 때 한국 출판 번역 독자들의
번역 평가 규범을 구성하는 요소

번역 평가 규범의 구성 요소를 파악하기 위해 선행 연구 및 번역 비
평 자료를 바탕으로 각 규범별 하위 영역을 추출하였다. 그 결과 총
37개의 하위 영역이 나누어졌다. 규범별 하위 영역의 개수는 기본적
태도 규범이 2개, 출발 텍스트와의 관련성 규범이 7개, 도착 텍스트의
효율성 규범이 9개, 배경지식 규범이 12개, 윤리 규범이 3개, 정책 규
범이 4개였다.

번역 평가 규범별로 번역 비평의 지적 사항 빈도가 높았던 하위 영
역을 살펴보면, 도착 텍스트의 효율성 규범에서는 단어 및 표현 이해
(80), 오탈자(74), 문장 이해(64)가 중요한 요소로 나타났다. 출발 텍스
트와의 관련성 규범에서는 단어 및 표현 구성(49), 문장 구성(40), 첨삭
(36)이었고 배경지식 규범은 전문 용어(11), 윤리 규범은 편집인(출판
사) 윤리(24), 정책 규범은 번역사 선정(11)으로 나타났다(괄호 안은 번
역 비평 지적 사항 개수).

오늘날 한국 출판 번역의 현실을 잘 반영하는 번역 규범 구성 요소
로는 숫자 표기(출발 텍스트와의 관련성 규범), 외국어 고유명사 발음
표기, 대우법, 역주, 띄어쓰기, 새로운 한국어 인지명 창조(이상 도착
텍스트의 효율성 규범), 기타 관련인 윤리(윤리 규범), 분책 출판, 중역
(이상 정책 규범)이 있었다.

3) 한국 출판 번역 독자들의 번역 비평에 대한 편집인과
   번역사의 반응 및 그 상호작용이 나타내는 번역 평가
   규범의 차이

편집인과 번역사는 모두 비평가 독자의 번역 비평에 진지하게 반응하고 있었고 이를 통해 번역 비평의 영향력을 보여주었다. 번역 비평의 결과 재번역 혹은 개역본 결정이 내려진 경우까지 있었다. 또한 번역 비평에 대한 편집인과 번역사의 응답은 '다음 쇄 혹은 다음 판에서의 수정'과 '비평가 윤리'라는 새로운 하위 영역이 번역 평가 규범에 포함될 가능성을 제기하였다. 마지막으로 번역 비평과 그에 대한 번역사의 응답 7쌍을 번역 평가 규범 분석틀을 바탕으로 비교한 결과 서로 다른 번역 평가 규범을 바탕으로 비평과 응답이 오가는 상황을 확인할 수 있었다. 비평가 독자의 도착 텍스트 지향과 번역사의 출발 텍스트 지향이 다수의 사례에서 일관되게 나타나 기본적 태도 규범에서의 차이를 나타냈다.

이상의 연구 결과를 바탕으로 한 본 연구의 시사점은 다음과 같다.
첫째, 비평가 독자들의 번역 비평, 그리고 편집인과 번역사의 응답은 한국 출판 번역의 현실을 반영하고 있다. 번역 비평 지적 사항의 절반 이상이 도착 텍스트의 효율성 규범에 해당한다는 결과는 번역 도서의 한국어 수준이 독자들의 기대 수준에 미치지 못한다는 것을 의미한다. 오탈자나 띄어쓰기, 숫자 표기가 규범의 하위 영역으로 추출된 것 또한 편집(교정 교열) 작업이 미비한 현실을 보여준다. 번역 및 편집이 시간에 쫓겨 이루어진다는 편집인과 번역사의 응답 또한 이 현실을 확인시킨다.
둘째, 한국의 출판 번역에서는 참여자들 간의 상호작용이 매우 활발하다. 비평가 독자들은 원문 대조, 다른 한국어 번역판 대조, 다른 언

어 번역판 대조 등 여러 가지 방법을 사용하여 적극적으로 출판 번역을 비평하고 있다. 또한 단순히 문제를 제기하는 데 그치지 않고 구체적으로 대안을 제시하고 해결을 요구하는 모습이다. 번역사와 편집인들도 이러한 번역 비평을 진지하게 받아들이고 응답하고 있다. 참여자들 간의 활발한 상호작용은 출판 번역에 산재한 문제를 해결하는 원동력이 될 것으로 기대된다. 또한 출판 번역에 대한 추후 연구에 반드시 고려되어야 하는 요소로 생각된다.

셋째, 본 연구는 번역 규범 이론이 출판 번역과 잘 접목된다는 점을 보여주었다. 번역 규범을 통해 분석 대상인 번역 비평이 체계적으로 기술될 수 있었으며 번역 비평과 그에 대한 편집인 및 번역사의 응답도 비교, 분석될 수 있었다. 또한 번역 비평을 바탕으로 번역 규범의 하위 영역을 추출한 본 연구의 시도는 번역 규범의 구체화 및 체계화의 가능성을 제시하였다.

본 연구의 의의는 우선 번역학의 새로운 연구 범주인 출판 번역을 대상으로 삼았다는 점을 들 수 있다. 한국의 출판 번역은 출판 산업에서 번역 도서의 중요성으로 보나 최근 많이 등장하는 번역 비평이 증명하는 사회적 관심으로 보나 향후 번역학 분야에서의 많은 연구가 필요한 분야이다. 이는 이론 못지않게 '실제 현상'과 긴밀히 연결된 번역학의 특징에도 부합하는 연구 방향이다. 또한 본 연구는 비평가 독자들의 번역 비평을 분석함으로써 번역사와 텍스트를 중심으로 했던 기존 연구의 관심 폭을 넓히고 번역 과정의 또 다른 참여자인 독자를 주된 연구 대상으로 삼았다는 의의를 가진다. 마지막으로 출판 번역 평가 규범의 분석틀 및 규범별 하위 영역을 제시했다는 의의가 있다. 본 연구를 바탕으로 출판 번역 참여자들의 상호작용 분석에서 출판 번역의 현실 분석에 이르는 다양한 후속 연구가 가능할 것이다.

하지만 본 연구는 번역 규범 분석틀을 바탕으로 한 출판 번역 현실의 기술(記述)에 그쳤다는 한계를 가진다. 이는 한국 출판 번역에 대한 기존 연구가 미비한 현실에서 기인한 것이다. 본 연구를 바탕으로 향후 출판 번역 분야에서 다각적인 연구가 이루어지기를 기대한다.

또한 비평가 독자들의 번역 비평을 1차적 바탕 자료로 삼은 본 연구의 결과를 출판 번역의 모든 독자들에게 일반화하기 위해서는 추후 보완이 필요하다. 본 연구는 비평가 독자들이 적극적으로 문제를 제기하고 일반 독자들이 호응하는 현실 상황을 감안하여 비평가 독자를 출판 번역의 중요한 참여자로 보았고 그 번역 비평이 오늘날 한국의 출판 번역 평가 규범을 반영한다고 가정하였다. 이는 오늘날 한국 사회 전체의 출판 번역 평가 규범이라는 무형의 추상적 연구 대상에 접근하는 1차적 단계에 불과하다. 비평가 독자 외의 또 다른 독자 집단, 그리고 독자 외의 또 다른 번역 과정 참여자를 대상으로 삼는 연구가 요구된다 하겠다.

참고 문헌

- 단행본 및 논문

강대진.(2004). *잔혹한 책 읽기*. 서울: 작은 이야기.

김기태.(1994). *출판저작권 현장 연구*. 서울: 타래.

김륜옥.(2001). 외국어문학과의 번역교육 필요성 및 번역학과 모델-독어 문학을 실례로. *독일어문학*, 15, 1-22.

김효중.(2002). 번역 이론의 관점에서 본 영랑 김윤식의 예이츠 시 번역. *한국어문학회 제 36회 전국발표대회 발표논문집*, 대구: 한국어문학 회. http://www.eomunhak.or.kr/emunhak.html

박여성.(2002). 번역비평을 위한 번역 파라디그마의 효용성: 귄터 그라스의 '양철북'과 한국어 번역본을 중심으로. 한국독일어문학회(편), *2002 년 학회발표논문집 '독일어문학: 번역과 수용'*(pp.53-72). 서울: 한 국 독일어문학회.

성기철.(1985). *현대국어 대우법 연구*. 서울: 개문사.

신수송, 윤미애, 최윤영, 최성만.(2002). 문화 수용과 문화전이로서의 번역- 괴테, 카프카, 토마스 만 작품의 한국어 번역 연구. *독일어문학*, 18, 259-299.

쓰지유미.(2001). 이희재(역). *번역사 산책*. 서울: 궁리.

이상원.(2003). 출판 번역: 그 연구의 필요성에 대해. *한국외국어대학교 통 역번역연구소 논문집*, 7, 145-157.

이임자.(1992). *베스트셀러의 要因에 관한 연구: 韓國出版 100년의 베스트 셀러를 중심으로*. 중앙대 박사학위논문, 서울.

이재호.(2004). 중 3-2 교과서: '길잃은 태양마차'의 번역 진단. *2004년 봄 한 국번역학회 학술대회 발표 논문집*(pp. 18-29). 서울: 한국번역학회.

이창수, 양은숙.(2001). 문학번역에서의 화행 번역: 문제점과 시사점. *국제회의 통역과 번역*, *3*, 147-163.

이창수.(2000). 문학작품에서의 비유적 표현의 번역-Relevance Theory의 관점에서. *국제회의 통역과 번역*, *2*, 57-83.

이현경.(2002). 독자층이 상이한 텍스트의 register 번역 전략-아동문학과 요리책 번역서를 중심으로. *국제회의 통역과 번역*, *4*(2), 135-148.

이현영.(1996). *대학도서관에서의 번역서 이용에 관한 연구*. 미출간 박사학위논문. 성균관대학교, 서울.

이혜승.(2001). 단어와 번역의 문제-러시아어 양상 소사의 한국어 번역을 중심으로. *국제회의 통역과 번역*, *3*, 185-209.

이혜승.(2003). 감정 은유의 노-한 번역 실례 분석. *국제회의 통역과 번역*, *5*(1), 183-200.

이혜승.(2004). 노한 은유 번역 연구-과정과 결과의 통합적 고찰. *국제회의 통역과 번역*, *6*(1), 155-178.

전미연.(2003). 아스테릭스 번역 혹은 문화 월경. *국제회의 통역과 번역*, *5*(1), 201-220.

정호정.(2001). 공손어법의 언어문화특수성과 번역. *통역번역대학원 논문집*, *5*, 169-192.

최수나.(2003). 번역에서의 전제-일한 번역의 경우. *국제회의 통역과 번역*, *5*(2), 195-220.

최정화.(2001). *통역번역 노하우*. 서울: 넥서스.

Baker, M.(1992). *In other words*. London: Routledge.

Baker, M.(Eds.).(1998). *Routledge encyclopedia of translation studies*. London: Routledge.

Bassnett, S. & Lefevere, A.(Ed.).(1990). *Translation, history and culture.*

London: Cassell.

Bassnett, S. & Lefevere, A.(Ed.).(1998). *Constructing cultures: essays on literary translation.* Clevedon: Multilingual Matters.

Bassnett, S.(1998). Researching translation studies: the case for doctoral research. In P. Bush & K. Malmkjær(Ed.), *Rimbaud's Rainbow: literary translation in higher education*(pp. 105-118). Amsterdam: John Benjamins.

Chesterman, A.(1993). From 'is' to 'ought': translation laws, norms and strategies. *Target, 5*(1), 1-20.

Chesterman, A.(1997). *Memes of translation.* Amsterdam: John Benjamins.

Chesterman, A.(1999). Description, explanation, prediction: a response to Gideon Toury and Theo Hermans. In C. Schäffner(Eds.), *Translation and norms*(pp. 90-97). Clevedon: Multilingual Matters.

Chesterman, A.(2000). Mimetics and translation strategies. *Synapse, 5,* 1-17.(http://www.helsinki.fi/~chesterm/2000iMimetics.html).

Chesterman, A.(2003). Does translation theory exist?(summary of a plenary lecture in Turku, April 4, 2003). http://www.helsinki.fi/~chesterm/2003c.exist.html.

Davies, E.E.(2003). A goblin or a dirty nose? - the treatment of culture-specific references in translations of the Harry Potter books. *The Translator, 9*(1), 65-100.

Emery, P.(1991). 'Text classification and text analysis in advanced translation Teaching'. *Meta, 46*(4), 567-577.

Even-Zohar, I.(1978). *Papers in historical poetics.* Tel Aviv: Porter Institute for Poetics and Semiotics.

Even-Zohar, I.(1978/1990). The position of translated literature within the literary polysystem. In L. Venuti(Eds. 2000), *Translation studies reader*(pp. 192-211). London: Routledge.

Fawcett, P.(1995). Translation and power play. *The Translator 1*(2), 177-192.

Harker, J.(1999). Contemporary Japanese fiction & 'middlebrow' translation strategies: the case of Banana Yoshimoto's 'Kitchen'. *The Translator, 5*(1), 27-44.

Hatim, B. & Mason, I.(1990). *Discourse and the translator*. New York: Longman.

Hatim, B. & Mason, I.(1997). *The translator as communicator*. London: Routledge.

Hatim, B.(2001). *Teaching and researching translation*. New York: Longman.

Herbst, T.(1997). Dubbing and the dubbed text – style and cohesion. In A. Trosborg(Eds.), *Text typology and translation*(pp.291-308). Amsterdam: John Benjamins.

Hermans, T.(1999). *Translation in systems: descriptive and systemic approaches explained*. Manchester: St. Jerome.

Hermans, T.(1999). Translation and normativity. In C. Schäffner(Eds.), *Translation and norms*(pp.50-71). Clevedon: Multilingual Matters.

Holmes, J. S.(1969). Forms of verse translation and the translation of verse forms. In Holmes, J. S.(Eds.), *The nature of translation – essays on the theory and practice of literary translation*. Hague: Mouton.

Hudson, R. A.(1980). *Sociolinguistics*. Cambridge: Cambridge University Press.

Inggs, J.(2003). From Harri to Garri: strategies for the transfer of culture and ideology in Russian translations of two English fantasy stories. *Meta, 48*(1-2), 285-297.

Kang, J. H.(2004). *Participation framework in translation: a case study of the translation process and the power relationship in the media.* Unpublished doctoral dissertation. Hankuk University of Foreign Studies, Seoul.

Komissarov, V.(1993). Norms in translation. In P. Zlateva(Eds.), *Translation as social action: Russian an Bulgarian perspectives* (pp.63-75). London: Routledge.

Kuhiwczak, P.(1990). Translation as appropriation: the case of Milan Kundera's The Joke. In S. Bassnett & A. Lefevere(Eds.), *Translation, history and culture*(pp. 118-130). London: Cassell.

Kwieciñski, P.(1998). Translation strategies in a rapidly transforming culture: a central European perspective. *The Translator, 4*(2), 183-206.

Lefevere, A.(1992). *Translation, rewriting and the manipulation of literary frame.* London: Routledge.

Linder, D.(2001). Translating irony in popular fiction: Raymond Chandler's 'The big sleep'. *Babel 47*(2), 97-108.

Mazi-Leskovar, D.(2003). Domestication and foreignization on translating American prose for Slovenian children. *Meta, 48*(1-2), 250-265.

Melis, N. M. & Albir, H.(2001). Assessment in translation studies: research needs. *Meta 46*(2), 272-287.

Mossop, B.(2001). *Editing and revising for translators.* Manchester: St. Jerome.

Munday, J.(2001). *Introducing translation studies: theories and applications.* London: Routledge.

Newmark, P.(1988). *A textbook of translation.* Oxford: Prentice-Hall.

Nida, E. A.(1964). *Toward a science of translating.* Leiden: E. J. Brill.

Nida, E. A., & Taber, C. R.(1969). *The theory and practice of translation.* Leiden: E.J. Brill.

Reiss, K.(1981/2000). Type, kind and individuality of text: decision making in translation. In L. Venuti(Eds.), *Translation studies reader*(pp. 160-171). London, UK: Routledge.

Schäffner, C.(1999). The concept of norms in translation studies. In C. Schäffner(Eds.), *Translation and norms*(pp.1-8). Clevedon: Multilingual Matters.

Shuttleworth, M. & Cowie, M.(Eds).(1997). *Dictionary of translation studies.* Manchester: St. Jerome.

Snell-Hornby, M.(1995). *Translation studies: an integrated approach.* Amsterdam: John Benjamins.

Tabbert, R.(2002). Approaches to the translation of children's literature: a review of critical studies since 1960. *Target, 14*(2), 303-351.

Toury, G.(1995). *Descriptive translation studies.* Amsterdam: John Benjamins.

Toury, G.(1999). A handful of paragraphs on 'translation' and 'norms'. In C. Schäffner(Eds.), *Translation and norms*(pp. 10-32). Clevedon: Multilingual Matters.

Venuti, L.(1995). *The translator's Invisibility: A History of Translation.* London and New York: Routledge.

Venuti, L.(1998) American tradition. In M. Baker and K. Malmkjaer (Eds.), *Routledge encyclopedia of translation studies*(pp.305-316). London: Routledge.

Venuti, L.(Eds.)(1992). *Rethinking translation: discourse, subjectivity, ideology.* London: Routledge.

Wong, D. & Shen, D.(1999). Factors Influencing the Process of Translating. *Meta, 44*(1).
(www.erudit.org/revue/meta/1999/v44/n1/004616ar.html)

Wyler, L.(2003). Harry Potter for children, teenagers and adults. *Meta, 48*(1-2), 5-14.

- 신문 및 잡지 기사

권재현.(2004, 6월 10일). 오류 있는 그리스 신화 그냥 실은 교과서. 동아일보, http://www.donga.com/fbin/output?sfrm=1&n=200406100284

김경희.(2004, 6월 11일). 이윤기의 '그리스 로마 신화' 번역 논란. 연합뉴스, http://news.naver.com/news/read.php?mode=LSD&office__id=001&article__id=0000672724&section__id=103&menu__id=103

김범수.(2004, 6월 10일). 중 3 국어 그리스 신화 번역 오류 주장. 한국일보, p.21.

김석희.(1999). 장미밭에서 춤추기. 번역서 가이드북 미메시스, pp.33-35. 서울: 열린책들.

김성희.(2005, 2월 24일). 출판사 92%가 한해 한 권도 못내. 중앙일보, p.27.

김성희.(2005, 3월 7일). 베스트셀러 추리소설 '다빈치 코드'. 중앙일보, p.22.

김종락.(2004, 6월 11일). 번역과 편역의 경계는? …… 논란조짐. 문화일보, p.28.

김태식.(2004, 11월 17일). 18세기 세계문학 홍루몽, 그 전파와 번역. 연합뉴스, http://www.yonhapnews.co.kr/news/20041117/2706000000200411171 01142K7.html.

김한수.(2003, 10월 9일). 7개 종단 '종교예술제' 함께 펼쳐. 조선일보, http://www.chosun.com/culture/news/200310/200310090248.html.

노성두.(2004, 8월 7일). '억지추측' 원전에 '두루뭉술' 번역까지. 재미와 진실, 함께 할 수 없었나. 국민일보,
http://www.kmib.co.kr/html/kmview/2004/0805/091950833313150000
.html

류의근.(2003, 3월 17일). 반론: 교수신문 261호 조광제 박사의 '지각의 현상학' 서평에 대한 유감. 교수신문,
http://www.kyosu.net/?news/view/ id=4262&page=54.

박명욱.(2001, 4월). 출판계에 이는 소비자 운동의 조짐. 문화예술, pp.60-63. 서울: 한국문화예술진흥원.

박상주.(2003, 8월 22일). 인간을 움직이는 기본 원소는 권력. 문화일보, p.21.

배문성.(1999, 6월 30일). '진리의 모순성' 찾기 위한 총체적 知的 편력. 문화일보,
http://www.munhwa.com/apart/news_view.html?id=19990630130002
01

서한기.(2005, 3월 6일). 소설 '다 빈치 코드' 오역 시비로 곤욕. 연합 뉴스,
http://news.naver.com/news/read.php?mode=LSD&office_id=001&article_id=0000931909&section_id=103&menu_id=103

신지홍.(2003, 9월 14일). 만화 출판은 위기. 연합뉴스,
http://news.naver.com/news/read.php?mode=LSD&office_id=001&article_id=0000457181&section_id=103&menu_id=103

안희곤.(2004, 2월 21일). 철학·예술 넘나드는 '지적 탐험'에의 손짓. 한국일보,
http://book.naver.com/bookdb/book_detail.php?bid=32129&menu=mview&display_seq=1#middle_tab.

열린책들 편집부.(1999). 출판인들이 뽑은 한국을 대표하는 번역사들. 미메시스 번역서 가이드북 1999, pp.188-219. 서울: 열린책들.

열린책들 편집부.(2000). 번역사들이 생각하는 번역 출판의 문제점. 미메시

스 번역서 가이드북 2000, pp.320-354. 서울: 열린책들.

영미문학연구회 번역평가사업단.(2004, 2월 15일). [번역, 이것이 문제다]
〈1〉 번역 평가 왜 필요한가. 한국일보,
http://news.hankooki.com/lpage/life/200402/h2004021517362123340.htm.

영미문학연구회 번역평가사업단.(2004, 2월 22일). [번역, 이것이 문제다]
〈2〉 토머스 하디의 '테스'. 한국일보,
http://news.hankooki.com/lpage/life/200402/h2004022218063423400.htm

영미문학연구회 번역평가사업단.(2004, 2월 29일). [번역, 이것이 문제다]
〈3〉 제임스 조이스의 '젊은 예술가의 초상'. 한국일보,
http://news.hankooki.com/lpage/life/200402/h2004022919234023340.htm

영미문학연구회 번역평가사업단.(2004, 3월 7일). [번역, 이것이 문제다]
〈4〉 세익스피어 '햄릿'. 한국일보,
http://news.hankooki.com/lpage/life/200403/h2004030719004123400.htm

영미문학연구회 번역평가사업단.(2004, 3월 14일). [번역, 이것이 문제다]
〈5〉 샐린저의 '호밀밭의 파수꾼'. 한국일보,
http://news.hankooki.com/lpage/life/200403/h2004031419443123340.htm

영미문학연구회 번역평가사업단.(2004, 3월 21일). [번역, 이것이 문제다]
〈6〉 내서니얼 호손의 '주홍글자'. 한국일보,
http://news.hankooki.com/lpage/life/200403/h2004032121032223340.htm

영미문학연구회 번역평가사업단.(2004, 3월 28일). [번역, 이것이 문제다]
〈7〉 마크 트웨인의 '허클베리 핀의 모험'. 한국일보,
http://news.hankooki.com/lpage/life/200403/h2004032819194923340.htm

영미문학연구회 번역평가사업단.(2004, 4월 11일). [번역, 이것이 문제다]
〈8〉 스콧 피츠제랄드 '위대한 개츠비'. 한국일보,
http://blog.naver.com/shinade.do?Redirect=Log&logNo=60009391196

오미환.(2003, 5월 16일). 멀고 먼 출판수출. 한국일보,
http://news.hankooki.com/lpage/life/200305/h2003051617221223340.htm

오미환.(2003, 7월 25일). 교열 중요성 불감증. 한국일보,
　　　http://news.naver.com/news/read.php?mode=LSD&office__id=038&ar
　　　ticle__id=0000192866&section__id=103&menu__id=103

오미환.(2003, 2월 28일). 부실번역 유감. 한국일보,
　　　http://search.hankooki.com/news/news__view.php?terms=%BA%CE
　　　%BD%C7%B9%F8%BF%AA+code%3A+hk+wz&co=hk%20wz&pat
　　　h=hankooki1%2Fculture%2F200302%2Fh2003022818510616030.htm

이경신.(2004, 2월 25일) 반론: 진태원 씨의 지적에 답한다. 교수신문,
　　　http://www.kyosu.net/?news/view/id=6050&page=29

이윤기.(1999). 잘 익은 말을 찾아서. 번역서 가이드북 미메시스 1999,
　　　pp.28-31. 서울: 열린책들.

이지형.(1999, 6월 29일). 꼬리에 꼬리를 문 추론. 조선일보,
　　　http://www.yes24.com/Goods/FTGoodsView.aspx?goodsNo=55519
　　　&CategoryNumber=001001019001

조광제.(2003. 3월 10일). 논쟁서평: 메를로 퐁티의 '지각현상학'에 대한 유
　　　감. 교수신문,
　　　http://www.kyosu.net/?news/view/id=4228&page=1

조우석.(2003, 3월 22일). 한국 출판계 편집자를 키우자. 중앙일보, p.B7.

조은영.(2003, 4월). 일관된 리뷰정신이 있어야. 텍스트,
　　　http://www.jckwak.net/zeroboard/zboard.php?id=field&page=1&sn1
　　　=&divpage=1&sn=off&ss=on&sc=on&keyword=번역의%20현황
　　　&select__arrange=headnum&desc=asc&no=70

조현욱.(2003, 2월 21일). 오역 투성이 교양과학책, 당장 리콜해야. 중앙일보,
　　　http://life.joins.com/life/program/life__article/0,2017,aid%257C167154
　　　%257Cservcode%257C2060201,00.html

진태원.(2004, 2월 26일). 데리다의 '불량배들' 국역본의 문제점. 교수신문,
　　　http://www.kyosu.net/?news/view/id=6049&page=1

홍정희.(2004, 12월 21일). 다빈치 코드 일부 오역. *미디어 다음*,
        http://media.daum.net/

- **인터넷 사이트**

강경주.(2005). 교정 교열. 강경주 시인 홈페이지
        (http://cafe.naver.com/yeegangsan.cafe).

교보문고 홈페이지(http://www.kyobobook.co.kr).

김대진.(2002). 서평: 고대 그리스의 미술과 신화. 서울대학교 대학원 협동과정
        서양고전학홈페이지 서평게시판(http://plaza.snu.ac.kr/~hermes/).

김대진.(2002). 서평: 세계의 영웅신화. 서울대학교 대학원 협동과정 서양고
        전학홈페이지 서평게시판(http://plaza.snu.ac.kr/~hermes/).

김대진.(2003). 서평: 변신 이야기. 서울대학교 대학원 협동과정 서양고전학
        홈페이지 서평게시판(http://plaza.snu.ac.kr/~hermes/).

김영사 홈페이지(www.gimmyoung.com).

다빈치 코드 홈페이지(www.davincicode.co.kr).

대한성서공회 홈페이지(www.bskorea.or.kr).

대한출판문화협회 홈페이지(www.kpa21.or.kr).

북하우스 홈페이지(www.bookhouse.co.kr).

시공사 홈페이지(www.sigongsa.com).

알라딘 홈페이지(www.aladdin.co.kr).

예스24 홈페이지(www.yes24.com).

출판 칼럼니스트 표정훈의 홈페이지(http://www.kungree.com).

한국번역가 협회 번역능력인증시험(http://www.kst-herald.org)

황금가지 홈페이지(www.goldenbough.co.kr).

호주의 통번역사 자격 인정 국가 시험(NATTI) 홈페이지

(http://www.naati.com.au)

- **번역 비평 대상 도서**

김한영.(1995). *언어본능*. 서울: 그린비.

김한영.(2004). *워렌 버펫*. 서울: 황금가지.

박여성.(1999). *괴델, 에셔, 바흐: 영원한 황금 노끈*. 서울: 까치.

심현식.(2002). *미국문화의 몰락*. 서울: 황금가지.

이상헌.(2001). *악 령이 출몰하는 세상*. 서울: 김영사.

부록: 출판인 심층면접 질문지

- 응답자 배경에 관한 질문

성별 _____   출생연도 _____

학력 1) 대졸 2) 대학원졸   전   공 _____

편집 경력 _____ 년   편집 권수 _____ 권

(번역서가 아닌) 국내서 편집 경력 여부 및 경력 년수 _____

주로 편집했던 장르(문학, 실용, 교양 ……)

- 원서 및 번역사 선정 과정에 대한 질문

1) 원서 선정의 주체, 방법, 과정 및 고려 사항에 대해 말씀해 주십시오.

2) 번역가 선정의 주체, 방법, 과정 및 고려 사항에 대해 말씀해 주십시오.

- 번역 과정에 대한 질문

1) 번역사에게 번역을 발주하면서 요구사항을 전달하십니까? 대개 어떤 요구사항입니까?

2) 평균적인 번역 기간은 얼마나 됩니까? 번역 기간 결정에 관련된 요인은 무엇입니까?

3) 번역 기간 중에 번역사와 의견 교환을 하는 경우가 있습니까? 있다면 어떤 내용입니까?

- 편집 작업에 대한 질문

1) 편집 과정은 어떻게 이루어집니까? 평균적인 편집 기간은 얼마나 됩니까?

2) 편집 과정에서 번역사와 의견을 교환하십니까?

3) 번역사가 납품한 번역을 오탈자 및 비문 교정 수준 이상으로 수정하는 일이 자주 있습니까?

4) 수정 작업은 어떤 기준에 따라 어떤 방식으로 이루어집니까? 원본 대조도 하십니까?

5) 편집 과정에서 가장 많은 시간을 투여하는 작업은 무엇입니까?

6) 국내서와 번역서의 편집 작업에 차이가 있습니까? 있다면 어떤 차이입니까?

7) 번역서 장르에 따라 편집 작업에 차이가 있습니까? 있다면 어떤 차이입니까?

8) 이제까지 번역서 편집 작업을 하면서 느끼셨던 가장 큰 애로 사항은 무엇입니까?

- 출판 번역 시장에 대한 견해를 묻는 질문

1) 한국 출판 번역의 전반적인 수준과 장단점에 대한 전반적인 의견을 말해 주십시오.

2) 어떤 번역서가 시장에서 좋은 반응을 얻게 된다고 생각하십니까? 여기서 번역 수준이나 방법이 상황을 크게 좌우한다고 보십니까?

- 번역사 처우에 대한 질문

1) 역자 약력, 역자 서문, 역주 등을 반드시 요구하십니까?

2) 평균적으로 번역사의 보수는 어떻게, 얼마나 지급됩니까? 이것이 적절한 수준이라고 보십니까? 번역료 결정에 관련된 요인은 무엇입니까?

· 저자 ·

이상원   · 약 력 ·

(李湘遠)   서울대학교 가정대학 가정관리학과 및 인문대학 노어노문학과 졸업
           한국외국어대학교 통역번역대학원 한노과 졸업
           한국외국어대학교 통역번역대학원 통역번역학 박사

           BK21 통역번역특화사업단 상임 연구원 (2000-2004)
           한국외국어대학교 및 선문대학교 통역번역대학원 강사 (2001-현재)

           · 논문 ·

           「Translation Norms for Book Publishing in Korea」
           「노한문학번역에서 나타난 공손(Politeness) 전략」
           「Theme/Rheme 이론과 번역」
           외 다수

           · 번역서 ·

           『시간을 정복한 남자, 류비셰프』
           『말하는 대로 이루어진다』
           『문명과 수학』
           외 다수

본 도서는 한국학술정보(주)와 저작자 간에 전송권 및 출판권 계약이 체결된 도서로서, 당사와의 계약에 의해 이 도서를 구매한 도서관은 대학(동일 캠퍼스) 내에서 정당한 이용권자(재적학생 및 교직원)에게 전송할 수 있는 권리를 보유하게 됩니다. 그러나 다른 지역으로의 전송과 정당한 이용권자 이외의 이용은 금지되어 있습니다.

한국 출판 번역 독자들의 번역 평가 규범 연구

· 초판 인쇄   2006년 6월 30일
· 초판 발행   2006년 6월 30일

· 지 은 이   이상원
· 펴 낸 이   채종준
· 펴 낸 곳   한국학술정보㈜
             경기도 파주시 교하읍 문발리 526-2
             파주출판문화정보산업단지
             전화 031) 908-3181(대표) · 팩스 031) 908-3189
             홈페이지 http://www.kstudy.com
             e-mail(e-Book사업부) ebook@kstudy.com
· 등   록   제일산-115호(2000. 6. 19)
· 가   격   22,000원

ISBN   89-534-5242-2 93300 (Paper Book)
       89-534-5243-0 98300 (e-Book)